素秋

校讎學略說

程千帆 講授

浙江大學出版社
ZHEJIANG UNIVERSITY PRESS
·杭州

圖書在版編目(CIP)數據

校讎學略説 / 程千帆講授. —杭州:浙江大學出
版社,2022.8(2023.3重印)
　(素秋叢編)
　ISBN 978-7-308-22788-9

　Ⅰ.①校… Ⅱ.①程… Ⅲ.①校勘學-研究 Ⅳ.
①G256.3

中國版本圖書館CIP數據核字(2022)第112512號

校讎學略説

程千帆　講授

責任編輯	王榮鑫	
責任校對	吳　慶	
封面題簽	程章燦	
封面設計	楊凱伊	
出版發行	浙江大學出版社	
	（杭州市天目山路148號　郵政編碼310007）	
	（網址:http://www.zjupress.com）	
排　版	浙江時代出版服務有限公司	
印　刷	杭州高騰印務有限公司	
開　本	880mm×1230mm　1/32	
印　張	6.75	
插　頁	2	
字　數	132千	
版印次	2022年8月第1版　2023年3月第2次印刷	
書　號	ISBN 978-7-308-22788-9	
定　價	48.00元	

校雠学略说

程千帆讲

山东大学翻印

一九八三年六月

第一章　　绪言

第一节　　校雠学的起源

"校雠学"是中国传统的名称。任何一门学科，与其他学科相区别的基本标准是研究对象的不同。校雠学的研究对象是书籍，前人称之为"治书之学"，即治理书籍的学问。任何一种学问，研究起来都离不开书籍。不过，别的学科研究的是书籍的内容，而校雠学则是研究书籍本身：书籍的物质形态是怎样发展的，以及物质形态的高低好坏，这就是通常说的版本学。它还研究书籍物做形态所记录的文字的异同，考辨正确与否，这便是所谓校勘学。然后，它又研究怎样准确地记录一部书的内容，并且根据其内容的不同将书籍彼此之间区别开来，进行分类，以及这种分类怎样体现学术的源流正变，这叫做目录学。最后，它研究怎样收集图书，怎样妥善地庋藏，这叫做藏弆之学。版本、校勘、目录、藏弆，这是校雠学所研究的主要内容。

人类的文化，根据各自的民族特点而有各自的独特个性。这种个性，是由于各民族的历史道路和文化发展过程而形成的。不同民族的文化，只能有相近或相似之处，而不可能完全相同。基于民族的文化特点而形成的某一门学问，也有它的民族特点。校雠学，就是我们中国独有的学问。其他国家有跟它相近、相似的学科，但与它都不完全相同。西方国家有版本校勘学（textual criticism），有目录学（bibliography），有图书馆学（library science），有些学科的对象和内容有与校雠学相似之处，但并不是有系统的、独立的校雠学。因为外国没有这门学科，要把校雠学译成外文都有些困难，某学报登载了一位教授写的关于校雠学的文章，学报的英文目录把校雠学译

序

程千帆先生 1932 年秋考入金陵大學,他向老師們請教如何學習,劉國鈞先生告訴他先要通目録之學,治學就容易摸着門徑了。劉先生當時爲本科生講授目録學,爲研究生講授《漢書·藝文志》,程先生都聽了。同時,他也向汪辟疆先生請教校讎學和詩學方面的問題。1934 年秋,他寫了一篇目録學課程論文《〈漢志·詩賦略〉首三種分類遺意説》,該文發表于《金陵大學文學院季刊》1935 年 1 期,這是程先生發表的第一篇學術論文。爲了鞏固自己的學習成果,他連續寫了好幾篇目録學論文,並將其中的六篇編爲《目録學叢考》,由中華書局于 1939 年出版,可以説這是他的第一本論文集,當時他僅 27 歲。他甚至還想寫一部《校讎廣義》,並于 1941 年 6 月預先寫了篇《校讎廣義叙録》。1942 年秋,程先生在成都應母校金陵大學之聘,當時劉國鈞先生仍擔任該校文學院院長,得知程先生还在繼續鑽研校讎學,並且計劃寫一部校讎學著作,就將這門課程的教學任務交給了他。于是程先生一邊講授,一邊撰寫《校讎廣義》。1945 年,程先生到武漢大學任教,所擔任的課程中仍然有校讎學。新中國成立後進行教學改革,這門課程被取消了。隨後程先生被打成"右派",離開工作崗位近二十年,對這部没有寫完的《校讎廣義》自然也就無暇顧及了。

1978 年,匡亞明校長聘請程千帆先生担任南京大學中文系教授,當時他已辦了退休手續,成了街道居民。1979 年秋天,程先生招了 3 名碩士研究生,考慮到研究生需要獨立進行科學研究,則校讎學知識和訓練是必不可少的,于是就從十年浩劫中被搶奪、被焚燒、被撕毁的殘存的書稿中去清查那部尚未完成的《校讎廣義》,結果是校勘、目録兩部分還保存了若干章節,而版本、典藏兩部分,則片紙無存,但因工作需要,他仍然勉力講授。這門課程是專門爲他的 3 位研究生開的,結果系内系外、校内校外不少研究生與中青年教師都來旁聽,教室裏總是坐得滿滿的。接着他又受邀至山東大學講授校讎學,也深受歡迎。所講内容由南京大學研究生徐有富、莫礪鋒、張三夕和山東大學研究生朱廣祁、吳慶峰、徐超記録整理成《校讎學略説》,並于 1981 年由山東大學出過油印本。1983 年,王紹曾先生爲山東大學古典文獻學專業研究生講校讎學即以該講稿作教材,他與王培元先生一起,核對了引文,統一了體例,改正了一些錯字,還加了一個目録,又油印過一次。

浙江大學出版社決定以王紹曾先生和王培元先生整理本爲底本正式出版程先生當年的講稿《校讎學略説》是很有意義的。該社編輯部《出版説明》稱:"程千帆先生爲中國文獻學學科建設和人才培養做出了卓越的貢獻"信非虚語。程先生在南大爲研究生上校讎學課程頗有影響,1982 年國家教委特委托南京大學研究生院主辦培養中國古代文學專業碩士研究生經驗交流會,程先生在會上提出了必須開設文獻學課程的方案,反響熱烈。此後全國古代文學專業的碩士研究生便普遍開設了古典文獻學課程。

我資質駑鈍,不思進取,程先生采取不斷施加友善壓力的方法,把我引上了古典文獻學的教學與研究之路。他先是讓我參與整理《汪辟疆文集》,接着讓我爲研究生上校讎學課程,又推薦我到南京師範大學爲古典文獻學專業本科生上版本學,並提出與我合著《校讎廣義》。我們花了十多年時間,完成了這部包括版本、校勘、目録、典藏四編的近 130 萬字的著作,被專家陶敏譽爲"校讎學重建的奠基之作",王紹曾稱其"爲我國傳統的治書之學建立了一個清晰而完整的學科體系"。該書曾獲得過第四屆國家圖書獎、國家教委優秀教材一等獎等獎勵,至今仍被不少學校用作研究生教材。我是 1998 年被評爲博士生導師的,隨即在程先生的大力支持下,以南京大學古典文獻研究所爲依托,成立了古典文獻學博士點。如今,我的幾位留在所裏工作的賢弟子們,也都成了博士生導師。全國各高校的古典文獻研究所也都普遍建立了博士點,從事古典文獻整理與研究的隊伍迅速壯大。由於研究生們必須撰寫學位論文,還要在核心雜誌上發表文章,各博士點的古籍整理與研究的項目也比較多,故這些研究生們所學也都有用武之地。恢復研究生培養制度以來,就古籍整理與研究事業而言,可謂一片繁榮景象。程先生主張"文學研究,應該是文獻學與文藝學最完美的結合"。那些畢業後從事古代文學研究與教學的程門弟子與再傳弟子們,通常也都具有扎實的文獻學功底。

《校讎學略説》作爲講稿,有其鮮明特色。因爲課時有限,而校讎學的内容又特别豐富,所以祇能采取少而精的原則,而將大量的教學内容留到課外,讓學生們自己去鑽研。因此,程先生除在講稿卷末附有《重要入門書目》外,在講課的過程中還隨時介紹一些參考文獻。如:"關於劉向、劉歆父子在校讎學方面的功績,可以參考:錢穆《劉向歆父子年譜》(載於《燕京學報》第七期,1930.6.另有中國文化服務社單行本);孫德謙《劉向校讎學纂微》(《孫隘堪所著書》,四益宦刊本)。錢書關於劉向、劉歆父子以及經學的古今文之爭,敍述得很得體。孫書將劉向校讎學的方法歸納爲二十三條。兩書對我們都有啓發。"(3 頁)這既能擴大研究生的知識面,又能培養研究生自主學習的能力,而自學顯然是研究生階段學習的主要方法。

程先生是校讎學方面的專家,在講課的過程中時有精闢獨到的見解,對我們頗有啓發作用。如人們對校讎學這個術語,普遍感到陌生,程先生開宗明義道:"校讎學的研究對象是書籍,前人稱之爲'治書之學',即治理書籍的學問。任何一種學問,研究起來都離不開書籍。不過,别的學科研究的是書籍的内容,而校讎學則是研究書籍本身。"(1 頁)校讎學包括版本學、校勘學、目録學、典藏學,經程先生分析,它們確實都是治書之學,都包括在校讎學之中。程先生還談道:"章學誠《校讎通義》把校讎學的作用歸納爲'辨章學術,考鏡源流,即類求書,因書究學'。這四句話中，'辨章學術'是從橫斷面説的，即辨別各門學問之間的不同；'考鏡源流'是從縱剖面説的，即研究學説發展的歷史。校讎學的作用之一，就是解決這兩方面的問題。"(13 頁)如此分析"辨章學術，考鏡源流"，真是眼光獨具，一語中的。

講稿中也提供了不少新材料，如《四庫全書總目提要》稱"目録"這一術語起源于後漢鄭玄的《三禮目録》，程先生指出《漢書·敘傳》就已出現了"目録"一詞：如"劉向司籍，九流以別。爰著目録，略序洪烈。述《藝文志》第十"(104 頁)"目録學"似乎是一個現代術語，但是程先生不無得意地説："'目録學'一詞，始見於宋人筆記。宋人蘇象先《丞相魏公談訓》中記敘一段他的爺爺蘇頌去謁見王原叔(王洙)的故事説：蘇頌謁王原叔，因論政事，仲至侍側，原叔令檢書史，指之曰：'此兒有目録之學。'這個材料是我偶然發現的，以前人還沒有注意過。"(105 頁)

程先生上課喜歡舉例説明問題，從不作空泛的議論。而所舉的例子顯然是經過精心挑選的，既通俗易懂，又能説明問題。如關於理校，他以《詩經·周南·漢廣》首四句"南有喬木，不可休息。漢有游女，不可求思"爲例，並分析道："按照句法，一二句和三四句是一樣的，'休'和'求'押韻，'思'字是個語辭，而'息'字具有實際意義，在語法結構上不對等，所以後人校勘，説'休息'乃'休思'之誤。本詩第二章也可以證明這一點。第二章是：'漢之廣矣，不可泳思；江之水矣，不可方思。'現在雖然找不到'休息'和'休思'的實證，但根據辭義、韻脚、句法結構來推測，這是可靠

的。"(93 頁）

　　避諱的例子很多，程先生特地選了幾個現實生活中的例子。他説："直到本世紀三十年代，揚州人還稱蜂蜜爲蜂糖。爲什麼不叫蜂蜜？這是在避五代時佔據揚州的地方長官楊行密的諱。楊是十世紀的人，現在是二十世紀，這種習慣延續了一千年。又如，山藥本名叫薯（現在有的地方還叫紅薯），後來纔改稱'山藥'，這是在避宋英宗趙曙的諱。這種習慣也延續了八百年了。"(76 頁）讀到這些例子，我們會感到很親切，從而對歷史上曾經廣爲流行的避諱現象有了更深入的瞭解，這種現象自然會反映在書面材料中，我們在讀書或鑒定版本時，就會留心避諱現象。

　　特別值得注意的，是程先生在上課時往往以自己的研究所得爲例。他談道："最近，我校《文選・洛神賦》，這篇文章的序言説：'黃初三年，余朝京師……'可是查對《三國志・魏書・文帝紀》、《陳思王傳》和曹植的另外一些詩，曹植去見他哥哥（曹丕），都寫的是黃初四年，不是黃初三年。於是有人解釋説，曹植在黃初三年是去過京師一次。但有失於記載……其實，黃初三年的'三'字，應當是'四'字之誤。爲什麼會出現這樣的錯誤呢？因爲篆文的'四'寫作 三，缺一橫即是三字，把'四'字寫成'三'字，見於商承祚先生的《石刻篆文編》。同時，我還找到一個距離曹植不太遠的證據，孫皓時代的《禪國山碑》上，'四表'就寫作'三表'。這就是形近而誤的例子。"(70 頁）此類例子還有一些。程先生現身説法，對我們如何學習校讎學，如何利用校讎學知識進行學術研究是極有幫助的。

　　程先生是一位研究中國古代文學的專家,以此身份來講校讎學,所舉例子自然會偏重于古代文學,作爲古代文學專業的研究生聽程先生上校讎學課,可能收獲更大一些。例如程先生指出:"古代典籍,注釋很多,應選哪一種? 各注家異同得失如何? 這也是版本學要解決的問題。比如關於杜詩的注解,常見的有仇兆鰲、錢謙益、浦起龍、楊倫等人的著作。這四家注各有不可代替的特點,我們研究杜詩時要根據不同要求選擇注本。仇注偏重於出處、詞義、句法構造的注釋,附録材料豐富;缺失之處在於歷史方面考據不精。錢注注重歷史背景,注語不多而切題,但不注釋一般典故詞語。浦注將杜詩分體編排,又有詳細年譜,兩者結合,既可做到知人論世,又使讀者便於揣摩,是一種便讀的注本。楊注的特點在於簡明扼要,有旁批,對杜詩評論頗多佳處。"(16 頁)後來南京大學博士生郝潤華,正是根據錢注注重歷史背景的特點,在周勛初、莫礪鋒的指導下,撰寫了博士論文《〈錢注杜詩〉與詩史互證方法》,頗獲好評,2020 年又在中華書局出了修訂本。

　　程先生學問淵博,在講課的過程中,能夠不斷地爲我們打開知識的窗口。比如他説:"我們平常講'九經三史',所謂'三史',一般人認爲是《史記》、《漢書》、《後漢書》。其實這是不對的。古人所説的'三史',是指《史記》、《漢書》、《東觀漢記》。《東觀漢記》是漢人的作品,是一部比較著名的歷史著作,比六朝的范曄作《後漢書》早多了。現在所能看到的《東觀漢記》,就是《四庫全書》從

《永樂大典》中輯出來的。"(84 頁)再比如"合本子注"事涉專門，不少人都弄不清楚，程先生作了詳盡的解釋，可參看本書 85 頁，兹不繁引。

因爲是爲研究生講課，程先生在講課的過程中特別注意介紹治學與論文寫作方法。譬如 1973 年，在長沙馬王堆三號漢墓出土了許多帛書，有一些是我們從不知道的新書，甚至連劉向校書時也未見到過，其中一本叫《十大經》，一本叫《經法》。程先生談道："任繼愈先生《中國哲學史》最近重印，他特別補寫了關於《十大經》、《經法》哲學思想的一章。治學中重視迅速獲得科學情報，不斷把新材料吸收到自己的著作中，這是十分重要的。否則，講來講去總是舊東西，真成了白居易詩中説的'天寶末年時事妝'，怎麼能不讓人笑！"(27 頁)再如，他在談版本時順便談了論文寫作問題，指出："做研究寫論文，要有嚴格規範，論文後面應開列詳細參考書目，並著録所用版本，這是不能馬虎偷懶的。不但古書如此，現代的書也有這種問題。……如陳寅恪的《元白詩箋證稿》，這是元白詩研究的重要著作，它提供了以史證詩和以詩證史結合的研究方法，是研究古典文學的人必讀之書。這本書就有三種版本。嶺南大學中國文化研究室的鉛印綫裝本是最早的版本，正文外附有油印的補充材料。解放後，陳先生作了修訂，先後出了北京古籍刊行社本和上海古籍出版社本。由於作者一再修訂，當然是愈後的版本愈好。古書的情況比較複雜一些，有不同的版刻源流，很難説哪個本子完全沒有錯誤，這就要參校不同的注本，

找出最可靠最正確的解釋。所以治學的人要有一點版本學知識，會選擇好的版本。"(44 頁)

聽程先生上課是一件快樂的事，即使像校讎學這種表面上看起來比較枯燥的課程，程先生也有辦法上得生動活潑。我至今還記得程先生上課時講的一個笑話：有人請私塾先生，談好報酬後又提了一個附加條件：教錯一個字要扣半吊錢。課程結束後，教書先生將報酬交給了師娘，師娘一數發現少了兩吊錢，便問原因，先生答曰："一吊給了李麻子，一吊給了王四嫂。"師娘心想將一吊錢給李麻子也就罷了，爲何還要給王四嫂呢，非問個明白不可。原來這位先生在教《論語》時，將"季康子"說成了"李麻子"，在教《孟子》時又將"王曰叟"說成了"王四嫂"，所以扣了兩吊錢。(61頁)這個笑話生動地說明了校勘學中形近而誤的現象。

感謝浙江大學出版社出版《校讎學略說》，這是對程先生當年爲古代文學專業首開校讎學課程重要意義的肯定，也是對程千帆先生誕辰 110 週年的最好紀念。正是有了這本《校讎學略說》，程先生年輕時想寫一部《校讎廣義》的願望纔最終得以實現。可以告慰程先生的是《校讎廣義》修訂本最近由中華書局出版了，而且很快就得到了重印。在南京大學古典文獻學教學與科研的長跑路上，先師點燃的火把一直在傳遞着，而且越燒越旺。程門以文獻學爲基礎的學風必將會代代相傳。

徐有富二〇二二年七月于問津閣

出版説明

程千帆先生這部講稿雖然體量不大，但體系完備，材料詳實，形成較早，能夠系統體現程先生的文獻學思想。對現在通行的多種文獻學教材産生了直接的啟發作用。講稿曾以油印的方式在山東大學師生中内部發行，未曾公開出版。我們認爲仍有向學界廣泛公佈的價值。

本次整理以 1983 年王紹曾先生和王培元先生整理的油印本爲底本進行録排，原稿繁體字和簡體字混用，爲方便讀者閱讀，録排時統一改爲繁體字。我們在編輯過程中盡最大可能保留講稿的原貌，除對一些明顯差錯進行修改外，用字習慣、語言習慣，一依底本。講稿中有一些表達方式，如“三十年代”前未標明哪個世紀，又如“叫做”“稱做”等詞語中“做”的用法，在當時並不抵觸語言文字規範，在當下也不會引發歧義，故均予以保留。我們核對了全稿的引文，引文與當下通行諸本間有不同，程先生當時並未言及引文版本，或因記憶偏差，或因別有所本，已不可知。在没有可靠依據的情況下，我們決定不擅自改動引文。這也能在一定程度上幫助讀者窺見當時講課的具體情境。

限於水平，編校過程中産生的疏漏在所難免，祈請廣大讀者不吝指正。

　　講稿出版過程中得到了徐有富、程章燦、程麗則、宋健、田程雨等師友的鼎力支持,於此謹致謝忱。

　　程千帆先生爲中國文獻學學科建設和人才培養做出了卓越的貢獻,借此契機,向程千帆先生致以崇高的敬意。

浙江大學出版社編輯部

二〇二二年七月

説　明

　　程千帆先生在南京大學給研究生講授《校讎學略説》時，並未寫成講稿。當時由南大徐有富、莫礪鋒、張三夕三同志隨堂記録，1981 年山大謄印前，又經朱廣祁、吴慶峰、徐超三同志進行了整理。今年我給山大古典文獻專業研究生講課時，采用這個本子作教材。在講課過程中，我和王培元同志一起，改正了一些錯字，對引文進行了核對，並對第四章和第五章與全書統一了體例。卷首又加上一個目録。由於時間倉卒，未及請程先生審閲，很可能還有疏漏，也未必完全符合程先生的原意。以後當繼續改正。

山東大學圖書館王紹曾謹識

1983.6

目　録

第一章　緒　言

第一節　校讎學的起源

　　"校讎學"是中國傳統的名稱。任何一門學科,與其他學科相區別的基本標準是研究對象的不同。校讎學的研究對象是書籍,前人稱之爲"治書之學",即治理書籍的學問。任何一種學問,研究起來都離不開書籍。不過,別的學科研究的是書籍的内容,而校讎學則是研究書籍本身:書籍的物質形態是怎樣發展的,以及物質形態的高低好壞,這就是通常説的版本學。它還研究書籍物質形態所記録的文字的異同,考辨正確與否,這便是所謂校勘學。然後,它又研究怎樣準確地記録一部書的内容,並且根據其内容的不同將書籍彼此之間區別開來,進行分類,以及這種分類怎樣體現學術的源流正變,這叫做目録學。最後,它研究怎樣收集圖書,怎樣妥善地庋藏,這叫做藏弆之學。版本、校勘、目録、藏弆,這是校讎學所研究的主要内容。

　　人類的文化,根據各自的民族特點而有各自的獨特個性。這種個性,是由各民族的歷史道路和文化發展過程形成的。不同民族的文化,祇能有相近或相似之處,而不可能完全相同。基於民族的文化特點而形成的某一門學問,也有它的民族特點。校讎學,就是我們中國獨有的學問。其他國家有跟它相近、相似的學科,但與它都不完全相同。西方國家有版本校勘學(Textual Criticism),有目録學(Bibliography),有圖書館學(Library Science),這些學科的對象和内容有與校讎學相似之處,但並不是有系統的、獨立的校讎學。因爲外國没有這門學科,要把校讎學譯成外文都有些困難。某學報登載了一位教授寫的關於校讎學的文章,學報的英文目録把校讎學譯成,The Chinese Science of Collation,意思是"中國關於校對的科學",這同上述的校讎學的内容,祇能説沾了一點兒邊。我們不能怪翻譯人員,他們也是費了思索的,祇是外國没有與校讎學完全相同的學科,所以也找不到能與漢語校讎學完全對應的名詞來使用。

　　校讎學的正式成立,是在西漢末年。當時有兩個很著名的學者劉向、劉歆父子,他們是校讎學的奠基人。漢成帝時,政府命他們大規模地整理書籍。這項工作自漢成帝河平三年(公元前 26)開始,歷時二十年,直到漢哀帝建平元年(公元前 6)纔完成。劉向在劉歆的協助下,從事這項工作十八年,劉向死後,劉歆把工作繼續到完成。他們要把先秦以來流傳的古籍加以整理,以提供皇帝學習和作爲治理國政的參考。因此,第一步是搜集各種書籍的本子,即後代所説的"版本",但當時還没有版刻,所以不能叫做"版本"。他們搜集到各種本子後,就要整理文字,改正錯誤,這自然涉及校勘。皇帝没有時間逐一閱讀，每書要寫一篇内容介紹供皇帝選擇，這叫做序録，也就是提要。另外，由於典籍浩瀚，不能散亂地堆放，必須加以分類，例如講儒家經典的歸入經學，講兵法的歸入兵書等等。在當時看來，這是很合理的分類方法。書籍經過校勘整理和分類後還要有地方把它們妥善保存起來，這樣也就有了藏弆之學。通過劉向、劉歆父子的工作，關於版本、校勘、目録、藏弆的一系列學問都建立起來了，這便是校讎學。關於劉向、劉歆父子在校讎學方面的功績，可以參考：

錢穆：《劉向歆父子年譜》(載於《燕京學報》第七期，1930.6。另有，中國文化服務社單行本)；

孫德謙：《劉向校讎學纂微》(《孫隘堪所著書》，四益宦刊本)。錢書關於劉向、劉歆父子生平以及經學的古今文之爭，敘述得很得體。孫書將劉向治校讎學的方法歸納爲二十三條。兩書對我們都有啟發。

如果要進一步追溯校讎學的起源，可以上推到春秋時代的孔子。據傳説，孔子"删《詩》、《書》，訂禮樂，修《春秋》"，這就是對古籍的整理。《隋書·經籍志》"史部簿録篇"小序説：

古者史官既司典籍，蓋有目録以爲綱紀，體制堙滅，不可復知。孔子删《書》，别爲之序，各陳作者所由。韓、毛二《詩》，亦皆相類。漢時劉向《别録》、劉歆《七略》，剖析條流，各有其部，推尋事跡，疑則古之制也。

這段話以爲，劉向父子的工作是前有所承的；孔子删《書》，已開目録的先河。《漢書·藝文志》則有這樣的記載：

> 昔仲尼没而微言絕，七十子喪而大義乖，故《春秋》分爲五，《詩》分爲四，《易》有數家之傳。戰國從衡，真僞分爭，諸子之言，紛然殽亂。至秦患之，乃燔滅文章，以愚黔首。漢興，改秦之敗，大收篇籍，廣開獻書之路。迄孝武世，書缺簡脱，禮壞樂崩，聖上喟然而稱曰："朕甚閔焉！"於是建藏書之策，置寫書之官。下及諸子傳説，皆充秘府。至成帝時，以書頗散亡，使謁者陳農求遺書於天下。詔光禄大夫劉向校經傳、諸子、詩賦，步兵校尉任宏校兵書，太史令尹咸校數術，侍醫李柱國校方技。每一書已，向輒條其篇目，撮其旨意，録而奏之。會向卒，哀帝復使向子侍中奉車都尉歆卒父業。歆於是總群書而奏其《七略》，故有《輯略》，有《六藝略》，有《諸子略》，有《詩賦略》，有《兵書略》，有《術數略》，有《方技略》。今删其要，以備篇籍。(《漢書·藝文志》總序)

"志"是紀傳體史書的一種體裁，是記載文化、科技等概況的，如《天文志》、《地理志》、《藝文志》等。劉向《別録》和劉歆《七略》都已毁於唐末五代兵燹，我們現在瞭解劉向、劉歆父子的工作，主要是通過《漢書·藝文志》的記載。《漢書·藝文志》是中國最早的一部書目,著録了先秦至西漢流傳的書籍。歷來的知識分子很看重先秦和漢朝的書,所以對《漢書·藝文志》也十分重視。王鳴盛《十七史商榷》中引清代學者金榜説:"不讀《漢書·藝文志》不可以知天下書。"當然,這裏"天下書"指的是古書。《漢書·藝文志》的總序,解釋作《藝文志》之旨,實際上也介紹了校讎學的起源。就中,還牽涉漢代經學的今古文之争。

在孔子之前,中國没有民間的私學,衹有官學。衹有貴族知識分子纔識字並能夠用文字記載事物,這種人稱爲巫和史。巫和史開始是不分的,在文化比較發達之後纔明確了各自的職掌。到了春秋時代,周王朝衰落了,一些有知識的貴族也隨之降低了地位,流落到民間,他們於是把自己掌握的知識向民間傳播。這是歷史發展的趨勢,即使不出現孔子,别人也會這樣做的。在春秋時代,不僅孔門講《詩》、《書》,墨家也講《詩》、《書》,不過孔子在這方面的成績比較大。宋儒説:"天不生仲尼,萬古長如夜。"這話不免太過分,但也不是一點道理没有。《漢書》作者班固以爲"九流出於王官",二十年代,胡適寫過一篇《九流不出於王官論》(《中國哲學史大綱》上卷附録)來駁斥此説。胡適認爲某一流出於某一官的提法太機械,這是對的,但他認爲古代的學術並不是從貴族手裏解放出來的,私學不淵源於官學,這就違背了歷史事實。古代的文化確是被貴族階級所壟斷。春秋戰國時代是中國歷史上文化學術光輝燦爛的時代,就是因爲官學解放帶來了知識普及,從而出現了百家争鳴的繁榮局面。羅根澤先生早年研究先秦諸子,寫過一篇很好的文章《戰國前無私家著作説》(《古史辨》第四册),論述戰國以前學在官府的情形。

諸子講學,都編有講義。《論語》可以説是私家著作的雛形,篇幅一般比較簡單。《孟子》比起《論語》來,就有明顯的不同,已經有上千字的篇章。《莊子》也不完全是莊周寫的,可以看作莊周及其學派的論文集。它顯然經過認真的編次,分爲内篇、外篇、雜篇,這比《孟子》又進了一步。不過,直到《莊子》,作書還是以一篇爲單位。有計劃地編寫一部大書,最早的要算《吕氏春秋》。通過先秦書籍制度的演變,可以看到散文的發展,可惜目前還没有這種著作問世。

到了秦代,秦始皇搞了一次焚書。要説他把所有的書都燒掉了,那也是冤枉。秦始皇燒的是民間的藏書,當然給文化造成的損失也很大,可是,國家的藏書他一本也没有燒,那些書對於維護他的統治還是有用的。真正補充了秦始皇的焚書,使先秦文化遺産遭到大破壞的倒是項羽,他入咸陽後把秦朝的國家藏書也燒了。清代劉大櫆寫過一篇《焚書辨》(見《海峰先生文集》),指出了項羽要負的責任。劉邦入咸陽後,蕭何衹有政治頭腦而没有文化頭腦,衹注意收集户口、賬簿、税單之類,卻對古代典籍一概不管。漢朝定了天下後,有些儒生想參加新政權工作,可是無賴出身的漢高祖看不起儒家文化,甚至把尿撒在儒生的帽子裏。陸賈向漢高祖講《詩》、《書》,講儒家的道理,漢高祖鄙夷地説:"乃公以馬上得天下,安事《詩》、《書》?"陸賈巧妙地反問:"以馬上得天下,安能以馬上治之乎?"漢高祖很機靈,馬上"改容謝之",於是陸賈進《新語》十二篇。漢高祖每讀一篇,都點頭稱讚。後來,儒生的處境就好了些。但是,在漢高祖時代,還没有廢除秦朝的禁止私人藏書的《挾書律》,這個法令直到漢惠帝四年(公元前191)纔廢除。

在秦始皇和項羽的焚書之後,古代典籍殘缺十分嚴重。《挾書律》的禁令逐漸鬆弛乃至廢止之後,有些民間秘密保存下來的書也就逐漸被發現。這些書使用的是先秦時期的文字,與秦朝統一規定的字體不同,更與漢代通行的隸書不同,被稱爲"古文"。另外一部分書,是靠記憶背出來的,所使用的文字是當時流行的隸書,也就是"今文"。

今古文的分別造成了文字的歧義,於是就有了古文經學和今文經學,它們的内部又分成許多小的派别。如上引《漢書·藝文志》總序所説的"《春秋》分爲五",即:

$$
\left.\begin{array}{l}公羊\\穀梁\end{array}\right\}今文
$$

左氏—古文

鄒氏—無師承

夾氏—未成書

所謂"《詩》分爲四",即:

$$
\left.\begin{array}{l}
齊\ 詩 \\
魯\ 詩 \\
韓\ 詩
\end{array}\right\} 今\ 文
$$

$$
毛\ 詩 — 古\ 文
$$

所謂"《易》有數家之傳",即：

$$
\left.\begin{array}{l}
施\ 讎 \\
孟\ 喜 \\
梁\ 丘\ 賀 \\
京\ 房
\end{array}\right\} 今\ 文
$$

現在保存在《十三經》裏的有《公羊傳》、《穀梁傳》、《左氏傳》、《毛詩》等。漢朝的《易經》與今存《易經》不同,今本是魏晉人注本,經本文爲魏王弼注,《繫辭》以下爲東晉韓康伯注。

今古文的區別,一是師承不同,一是流傳的文字不同。流傳的文字不同,有兩方面的原因。一種原因是老師的口音不好懂,學生記下來可能有錯誤;另一種原因是今文靠背誦記下來,可能有記憶上的錯誤。師承不同,在秦始皇焚書以前就有了,後來又出現了文字上的差別,所以產生了各種各樣的流派。在西漢時代,主要是今文學家佔統治地位,古文學家在民間有較大影響。漢朝設經學博士的官職,博士可以在國家的學校講授學問。西漢設十四個博士,全是今文學家。劉向、劉歆父子是古文學派,他們積極爲古文經學爭地位。劉歆寫過一篇《移書讓太常博士》(《文選》卷四十三),是中國經學史上很有名的文獻。他在這封信中責備太常博士講經是"專己守殘,黨同門,妬道真",文章寫得義正辭嚴。事實上,今古文之爭不衹是學術問題,也有爭名奪利的因素。後來劉歆與王莽勾結,利用政治勢力立了一些古文經學的博士。

今古文之爭是中國學術史上的重大問題,並由此造成古籍的異文或異解,我們在研究古代典籍,徵引其中的材料時就要注意到這個問題。比如李善的《文選注》,有時引《韓詩》,有時引《毛詩》,有時引《穀梁傳》,有時引《左傳》,就是因爲原作者所依據的材料不同。研究唐代以前的文學、哲學、語言等,對經學的古今文之爭如果完全不瞭解,往往就會走些彎路。要瞭解古今文之爭,可參考以下書籍:

1.《范文瀾歷史論文集》(社會科學出版社)中有關經學史的兩篇文章;

2.皮錫瑞:《經學歷史》(周予同注本,商務印書館);

3.皮錫瑞:《經學通論》(商務印書館);

4.周予同:《經古今文學》(《國學小叢書》本,商務印書館);

5.馬宗霍:《中國經學史》(《中國文化史叢書》本,商務印書館)。

范文瀾同志早年受業於黃季剛、劉師培等大師,治學嚴謹扎實,對中國古代學術史很有研究,收在論文集中的兩篇文章,是他在延安的講稿。范文瀾同志是中國第一個用馬克思主義觀點研究經學史的人,所以他的著作是很重要的。皮錫瑞是清朝光緒年間的學者,他本人傾向於今文學派,但上述兩本書寫得都比較持平。《經學歷史》是縱的論述,《經學通論》則分專題研究。另外兩本書,寫得也很翔實,足資參考。

在劉向、劉歆父子之後,最大規模的古代典籍整理,是十八世紀清朝乾隆年間纂修《四庫全書》。清朝統治者纂修《四庫全書》,當然有其芟除古籍中表現的民族意識的目的,但它對整理古代文化的功績還是不可淹没的。從校讎學角度來看,它的最大功績是寫出了一部規模空前的書目提要,即《四庫全書總目提要》。《提要》共二百卷,另有存目書 6793 種 93551 卷,依經史子集四部分類排列。這部《提要》是研究中國古代文學、史學、哲學等必讀的參考書。關於這部《提要》,還有許多訂補考證的著作,可參看南京大學圖書館、中文系、歷史系編的《文史哲工具書簡介》(1980,天津人民出版社)一書。本世紀三十年代,有些學者打算組織一個團體把《四庫全書》以後的要籍也編寫一部提要,並且已經做了一些工作。近日,見一內部刊物載,臺灣省把這些稿子印出來了,共十三冊,題名《續四庫全書總目提要》。

第二節　校讎學的名稱和內容

校讎這一名稱,最早出現於劉向《孫卿新書書録》:"所校讎中孫卿書,凡三百二十二篇。""中"字,指的是政府藏書;《孫卿書》,

即《荀子》。文中所説的校讎,雖然主要指校勘,但就劉向的全部工作來看,實際上包括了版本、目録、藏弄之學。《文選·左思魏都賦》李善注引應劭《風俗通義》解釋校讎説:

> 按劉向《別録》,一人讀書,校其上下,得繆誤,爲校;
> 一人持本,一人讀書,若怨家相對,爲讎。

這是後人對校讎的較早理解。其實,單就校字説,《國語·魯語》已云:"昔正考父校商之名頌十二篇於周太師,以《那》爲首。"既是"以《那》爲首",校字的含義除"校對文字"外,當還有"編輯"的意思。

而後,宋代鄭樵撰《通志》,《通志》中有二十略,其一爲《校讎略》。《通志》的總序説:

> 册府之藏,不患無書;校讎之司,未聞其法。欲三館無素餐之人,四庫無蠹魚之簡,千章萬卷,日見流通,故作《校讎略》。

所謂三館,指唐代政府所立昭文館、集賢館和史館,宋代已合併爲崇文院,《崇文總目》即它的藏書總目,鄭樵是沿用唐代舊稱。這裏,鄭樵所説的"校讎"就包含了保存和流通的内容。

到了清代,章學誠著《校讎通義》三卷,他在這本書的序中説:

　　校讎之義，蓋自劉向父子，部次條別，將以辨章學術，考鏡源流。非深明於道術精微、群言得失之故者，不足與此。後世部次甲乙，紀錄經史者，代有其人；而求能推闡大義，條別學術異同，使人由委溯源，以想見於墳籍之初者，千百之中，不十一焉。

章氏爲校讎學提出了"辨章學術，考鏡源流"，即"推闡大義，條別學術異同，使人由委溯源，以想見於墳籍之初"的内容。

　　朱一新在前人的基礎上全面地總結了校讎學的含義，他在《無邪堂答問》卷二中說：

　　　劉中壘父子成《七略》一書，爲後世校讎之祖。班《志》掇其精要，以著於篇。後惟鄭漁仲、章實齋能窺斯旨。商榷學術，洞澈源流，不獨九流諸子各有精義，即詞賦方技亦復小道可觀。目錄校讎之學所以可貴，非專以審訂文字爲校讎也，……世徒以審訂文字爲校讎，而校讎之途隘：以甲乙簿爲目錄，而目錄之學轉爲無用。多識書名，辨別版本，一書估優爲之，何待學者乎？

朱一新的說法，已經把我們現在所說的校讎學的内容基本包括進去了。校讎這個概念，有原始意義和引申意義，或者說狹義和廣義。就狹義說，它祇指文字的校勘和訂正。如果就廣義說，則版本、校勘、目録、藏弄都是校讎學研究的内容。其中校勘和目録兩部分，對一般研究中國古代文學、史學、哲學的人是尤其具有重要意義的知識。

第三節　校讎學的功用

做學問有多種多樣的方法。先接觸大量文獻材料，然後抽象出基本概念，這是一種方法，優點是可以以簡取繁。不過，這樣做也有一個不容忽視的危險。如果祇是就文獻材料來認識而不付諸實踐，概念就有可能成爲空洞無物的東西。研究校讎學，尤其要警惕這一點。我們不僅要理解校讎學的概念，而且要腳踏實地地去做工作，如鑒定版本，編制目録，進行校勘等。這樣做了纔能真正理解校讎學的功用，纔能運用校讎學的知識治學求知。

校讎學的功用，表現在它可以回答我們治學中的以下幾個問題：

1. 中國古代有哪些學問？其學術分類如何？

章學誠《校讎通義》把校讎學的作用歸納爲“辨章學術，考鏡源流，即類求書，因書究學”。這四句話中，“辨章學術”是從橫斷面説的，即辨別各門學問之間的不同；“考鏡源流”，是從縱剖面説的，即研究學術發展的歷史。校讎學的作用之一，就是解決這兩方面的問題。校讎學要把各種書籍分類，這種分類如果準確合理，通過書籍的排列就可以看出各門學問之間的異同。校讎學又要研究書籍的流傳情況,通過這種研究,可以看出學術的興衰,源流的變遷等。

這裏舉一兩個例子來説明運用校讎學知識"辨章學術,考鏡源流"的問題。比如,《漢書·藝文志》中,没有設立歷史類,但是漢代並不是没有歷史方面的書籍。《漢書·藝文志》不爲史書設立專類,祇把它附在《六藝略·春秋家》之後。這種情況説明了,在漢代,歷史方面的書籍還不太多,對歷史學科的研究還不普遍,到了《隋書·經籍志》,史書就成了跟經、子、集並列而僅次於"經部"的大類了。又如諸子之學,《漢書·藝文志》中著録甚多,每家可立一類。但到了漢武帝時代,董仲舒倡議罷黜百家,獨尊儒術。此後諸子之學逐漸陵替,没有人再著專書。所以,在《隋書·經籍志》中,諸子之書就不如《漢書·藝文志》多了。通過目録的變化,就可以看出學術的興衰。"四人幫"作亂時期,摧殘學術,破壞文化,談歷史祇有"評法批儒",講文藝祇有八個"樣板戲"。後代人也可以從當時的出版目録中看出這種情況來。

2.每一門學問都有些什麽書?

這個問題,就是章學誠説的"即類求書,因書究學"。掌握了目録之學,就可以瞭解研究某種學問有哪些參考書。目録如同一把百寶鑰匙,從某種意義上説,等於打開了圖書館書庫的大門,使人大開眼界。我們可以根據目録的分類去找書,根據書籍做學問。清末張之洞著有《書目答問》一書,爲初學者提供必讀之書。張之洞很推崇《四庫全書總目提要》,認爲讀過這本書目,大體上可知學問門徑。當然,《四庫全書》没有收入最近二百年的書籍,它一方面是不夠的,一方面又是必不可缺少的。《提要》共二百卷,治中國文史之學的人應該從頭到尾讀它一遍。讀《提要》時還應參考余嘉錫所著《四庫提要辨證》,這是余先生一生治學精力之所在,考證十分精詳。

3. 某一本書的具體内容如何?

目録中對書籍内容的介紹,雖然不一定完全正確,卻可供參考。比如研究文學,同是一個選本,粗看起來無甚差别,深入進去研究就會發現分别很大。中國古代文學批評有一個相當重要的方法,就是通過選輯作品來進行,這就是所謂"選學"。如關於唐詩的選本,有沈德潛的《唐詩别裁》,王士禎的《唐賢三昧集》,王閩運的《唐詩選》。研究唐詩的人會發現,三個選本是不同的,他們分别根據自己的文學理論來選詩,選本就體現了他們的標準和宗旨。類似這種問題,如果有一個好的目録,我們從提要中就可看出上述特點。就這方面説,《四庫提要》做得是有成績的。

4. 在同類書中,哪些書應該先讀? 哪些書是基本的? 哪些書可供參考之用?

這也是目録學可以回答的問題。比如《説文解字》一書,是治語言文字之學必讀的書,其他治中國古代文化的人也要經常翻檢查考。清人研究《説文》的著作很多,有所謂"説文四大家"。在這些研究著作中,哪一種是最基本的? 初學又應先讀哪一種呢? 目録學著作會告訴我們:段玉裁《説文解字注》是最精詳的,應該看作研究《説文》的基本著作。其他如桂馥《説文義證》、王筠《説文釋例》、朱駿聲《説文通訓定聲》等各有獨到之處,可供一定用途的參考。而對於初學者,先讀王筠《説文句讀》或《文字蒙求》比較易於入門。

5. 同一書籍,哪一種版本好? 版本好壞的標準是什麽?

做學問的如果所根據的版本不好,錯誤百出,是要走彎路的。對於治學來説,好的版本指無殘缺、錯誤少、經過精心校勘,或者經過專家批注的本子,不能籠統地説愈古愈好。同一種書有許多版本,總有較好的和較差的。版本學可以爲學者提供這些方面的知識。

6. 古代典籍,注釋很多,應選哪一種? 各注家異同得失如何?

這也是版本學要解決的問題。比如關於杜詩的注解,常見的有仇兆鰲、錢謙益、浦起龍、楊倫等人的著作。這四家注各有不可代替的特點,我們研究杜詩時要根據不同要求選擇注本。仇注偏重於出處、詞義、句法構造的注釋,附錄材料豐富;缺失之處在於歷史方面考據不精。錢注注重歷史背景,注語不多而切題,但不注釋一般典故詞語。浦注將杜詩分體編排,又有詳細年譜,兩者結合,既可做到知人論事,又使讀者便於揣摩,是一種便讀的注本。楊注的特點在於簡明扼要,有旁批,對杜詩評論頗多佳處。

7. 怎樣利用前人對古籍的校勘成果?

書面材料經過年代久遠的流傳,難免發生文字錯誤。前人做了一些校勘訂正的工作,對我們治學提供了很大方便。但是,這些校勘成果,表現形式不一。有的版本附有校勘記,有的就没有;有的附在書後,有的卻另成專書。我們要想利用前人的校勘成果,就要懂一點校勘之學,知道材料所在。

8. 怎樣自己著手做校勘工作?

所謂研究,就是從前人研究的基礎出發,開拓新領域,使用新方法,以期獲得新的成果,或補充、訂正前人的成果。在進行研究時,必須對材料有職業性的敏感,注意新材料和新問題。在研究過程中,必然會遇到文字異同現象。並不是所有的材料都經過前人的整理,版刻衆多,也不是所有校勘成果可供利用。有的雖然有過整理校勘,但不夠精細準確,這就要求我們運用校勘學的知識,自己動手做校勘工作。所以,進行文科研究如果不懂校勘之學,有時要吃大虧的。

9. 怎樣自己從事於目録的編輯?

治學時應該養成習慣,隨時編寫自己需要的專科目録或特種目録。要做這些工作,自己就要有目録版本方面的知識。有較深的校讎學修養的學者,記録比較完整準確,體例謹嚴。在引用古書時,也要注明原書版本、卷數等,轉引文字則要經過復查,切忌使用第二手材料而又草率從事。

10. 如何搜求、保存、愛護書籍?

在這方面,書籍的搜求十分重要。有的學者把自己所缺的書籍編成待訪書目以便隨時詢問或購買、借抄等,這是一個可行的好方法。

第二章 版 本

第一節 版本的名義

《北齊書·樊遜傳》中記載：

> （天保）七年，詔令校定群書，……遜乃議曰："案漢
> 中壘校尉劉向受詔校書，每一書竟，表上，輒言：臣向書，
> 長水校尉臣參書，太史公、太常博士書，中外書，合若干
> 本，以相比校，然後殺青……"

這裏說到校書要用許多本子互相比較，最後抄成一個定本。"合若干本"的"本"，就是版本的本。"殺青"的意思就是"寫成定本"。古人寫字用竹簡，寫字之前要把竹面上很光滑的一層皮削掉，這叫做"殺青"。除了殺青之外，還要"汗青"，汗青是烤乾竹簡中的水分，以免生蟲，便於長期保存。

葉德輝《書林清話》卷一《板本之名稱》的自注中提到：

　　宋岳珂《九經三傳沿革例》，"書本"內列有"晉天福
銅版本"，此版本二字相連之文。然珂爲南宋末人，是時
版本之稱沿用久矣。

關於版本一詞，還可以找到一些材料，如葉夢得《石林燕語》、陸游
《老學庵筆記》等，我們現在見到的最早的材料，都是南宋人的著
作。但是一個名詞出現後，總要遲一點纔能被記錄下來，應該説，
在南宋之前，就有"版本"這個名稱了。"版本"二字是什麼意思
呢？杜預《春秋經傳集解序》中説："大事書之於册，小事簡牘而
已。"孔穎達《正義》解釋説："簡之所容，一行字耳。牘乃方版，版
廣於簡，可以並容數行。凡爲書，字有多有少，一行可盡者書之於
簡，數行可盡者書之於方，方所不容者乃書於册。"由此可見，"版
本"的名稱是從古代寫書用的物質形態來的。古代寫書，大量使
用的是竹子或木頭。竹子是長形的，祇能做成一條一條的；木頭
面積較大，可以做成一個方，也就是板，或稱"版"。寫的內容如果
祇有一句話或幾個字，就用一根竹簡。如果要寫幾行，就用一塊
木板。要是一塊板還寫不下，就寫在許多竹簡上，把它編在一起，
稱爲"册"，或"策"，或"典"。"版"字表示的是書籍的物質形態。
　　關於"本"字，余嘉錫先生在《目録學發微·目録書之體制四》
中説：

　　校書必備衆本，自漢已然，北齊樊遜所謂"劉向校

書,合若干本,以相比校"也。本之命名,由於校讎之時,一人持本,一人讀書。所謂本者,謂殺青治竹所書,改治已定,略無訛字。上素之時,即就竹簡繕寫,以其爲書之原本,故稱曰本。其後竹簡既廢,人但就書卷互相傳錄,於是本之名遂由竹移之紙,而一切書皆可稱本矣。鏤板既興,一書刻成,相率摹印,與殺青上素之義,尤相符合,故又有板本之稱。

余嘉錫先生以爲"本"字由所寫竹簡的定本而來,這是很合理的。華中師範學院張舜徽先生認爲,"版"字由"簡册"來,"本"字由"卷軸"來,"本"主要指帛。我以爲這種説法還有可商榷之處。現在發現的戰國時代竹簡,有七八十條連在一起的,並且這七八十條也還不是首尾俱全,實際上,恐怕有百多條連在一起的。這麼長的簡册,保存時也必須卷起來。所以,我們很難説卷起來的爲本,不卷起的不叫本。又,從應劭解釋校讎爲"一人持本,一人讀書"來看,"本"字釋爲"原本",也較妥帖。

"版本學"是研究書籍的物質形態的,書籍是人類物質文化發展史的一部分,屬於歷史學範疇,它有不可替代的文物價值。從文物的角度研究版本,是版本學的任務之一。另一方面,治學者必須有非常可靠的材料,錯誤多或殘缺嚴重的版本,會給科學研究帶來不必要的問題。研究版本作爲文獻使用的可靠性,也是版本學的任務之一。本書這兩方面都要談及,但重點放在後一方面。

第二節　書籍形態的演進

我國書籍形態和制度的演進,可分爲四個階段敍述。

1. 原始階段(商代—漢代)

這一時期,書籍的物質材料爲甲骨和金石,其書寫方式爲刀刻和冶鑄。

中國從什麽時代開始有文字,考古學界還有争論。新中國成立以後發現過夏代文化遺址,卻没有發現有夏代的文字。我們現在見到的商代甲骨文,已經是很完整,有相當發展的文字了,這説明漢字産生在商代以前。文字是書籍産生的前提,我們可以認爲,中國從商代開始就有了原始狀態的書籍。當時文化壟斷在貴族手中,祇有"巫"和"史"兩種人掌握文化。巫是溝通神人關係的,他們用文字記載所謂"神的啓示",來爲鞏固貴族統治服務。史的主要任務是記載貴族言行,他們爲了積累統治人民的經驗,就把那些"偉大的統治者"的言行記下來,供後代統治者借鑒參考。記言記行各有所司,所謂"左史記言,右史記事"。至於勞動人民乃至下層貴族,都是與文字無緣的。

我們現在見到的最古的書,是商朝人刻在烏龜殼或牛肩胛骨上的文字,所以稱之爲"甲骨文"。甲骨文最早發現於清光緒二十五年(1899 年),有個大學士叫王懿榮,生病請醫生開了一個藥方,其中有一味藥叫"龍骨",買來後,他發現這是古代的獸骨,上面刻有文字。他很重視這事,到藥鋪去追問,後來得知河南安陽出土了不少刻有古文字的烏龜殼,於是發現了甲骨文。從 1899 年到現在,不到一百年,甲骨學已成爲古文字學、古史學中很大的一個學術分支。要瞭解甲骨學的一般情況,可參看陳夢家所著《殷虚卜辭綜述》(科學出版社)。甲骨文的主要内容是卜辭。商朝人迷信卜卦,他們卜卦時用烏龜身下的甲,修整一下,把所要占卜的事情刻在上面,通過一定的祝告儀式,在烏龜甲上鑽幾個洞,然後放到火上灼烤,根據龜甲灼烤而成的裂紋形狀來判斷吉凶。甲骨文中也有記事的,如有一片記載著打獵獲白兕的事,但這種記事很少見。甲骨文是最早的文字記載,對上古史研究很有價值。比如,我們從古籍中見到關於"龜策"的記載,《尚書》中説"惟殷先人有册有典",但是誰也沒有見到是什麽樣子。安陽出土的龜甲,有的許多片挨在一起,排列得很整齊,這就是龜策。王國維著有《殷卜辭中所見先公先王考》,根據甲骨文的記載排列了商朝王族世系,與《史記》記載的不盡相同,這就對後者有所訂正。但是我們應該認識到,甲骨文主要是記録卜辭,它衹是提供了書籍出現的條件,本身還不是書。我們所謂的書,其内容或者説理,或者抒情,或者記事,或者總結經驗傳播知識,總之是希望別人讀的。甲骨文還不具備這些條件,就它的本質來看,它衹能算作神權政治的檔案。

甲骨文之後,又有了青銅器文字,即金文或鐘鼎文。青銅器的時代大體與甲骨文時代相當,即公元前 1300 年到(公元前)

1100 年,但商代的青銅器上沒有文字,祇有一些圖案,這可能是氏族的標志,所謂圖騰。到了周朝,青銅器上纔鑄有銘文。青銅器是當時貴重的器物,多用爲祭器。祭祀和政權有關,所以青銅器被認爲是"重器",被看作統治權的象徵。如果甲國消滅了乙國,總要做兩件事,一是"毀其宗廟",一是"遷其重器"。楚國國王訽問周朝的九鼎有多重,就意味著有篡周的野心。秦始皇統一天下後,也想把九鼎遷到咸陽,不過因爲太重纔没有搬成。青銅器上的銘文,有的很簡單,祇有一句"子子孫孫永保用"之類的話;有的就很複雜,是長篇的記事文字。不過總起來看,青銅器銘文也還算不得書籍。關於青銅器銘文的研究,最完備的著作是郭沫若的《兩周金文辭大系圖録考釋》,對較重要的銅器作了斷代和文字考釋。春秋時代出現了鑄有法律條文的"刑鼎",這是有意識要人讀的,意味著向書籍的正式出現邁進了一步。

青銅器銘文之後,出現了刻石,刻石是從秦代纔有的,一種是石鼓,上面刻的是四言詩,現存十個,在故宫博物院;另一種是勒石,是秦始皇巡游時所立,内容是頌揚秦始皇的功德。據説有七塊,主要在山東、浙江省境内,現已殘缺,其文字在《史記》中有記載。石鼓原來被人認爲是周朝所刻,唐宋間韓愈、蘇軾、韋應物等人都作過《石鼓歌》詠歎它。後經北京大學教授馬衡考證爲秦代之物,馬氏撰有《石鼓爲秦刻石考》一文。秦代刻石是要人讀而作的,初步具備了書籍的性質,所以在書史上有重要意義。

2. 簡策階段(戰國—晉代)

據《尚書》記載,商朝已經開始使用簡策,但迄今發現的實物,最早的屬於戰國時代。簡册的材料是竹和木,簡是一根竹片,許多簡用絲帶連在一起(所謂"韋編"。過去以爲是獸皮做的帶子,現經出土文物證實是絲帶。有人認爲"韋"字是"緯"的假借字),就是"册"。册是就物質形態説的,如果就文字的意義來説,每告一段落叫做"篇"。"篇"和"編"在古代是一樣的。古代的簡册很笨重,文章要遷就物質材料,都寫得很短。秦始皇每天看兩擔公文,就是兩擔竹簡。除了簡册之外,還有"版"。"版"就是木板子,寫了字後稱爲"牘"。版一般是一尺見方,寫信一般用一塊版,所以書信又叫"尺牘"。版牘是方形,所以也叫做"方",並以"方"爲計量書的單位。《莊子》説:"惠施多方,其書五車。"《儀禮·聘禮》上説:"百名以上書於策,不及百名書於方。"這表明一方大約寫百字左右,如果文章在百字以上,乃至千把字,寫在版上搬運麻煩,就寧肯用竹簡了。版如果做得大一些,稱爲"業"。現在在校上學叫做"肄業","肄"是學習,"肄業"的本義就是讀大板子,"畢業"則是大板子讀完了。方和業還可以作户口簿、物品單子,更可以用來畫地圖,因爲地圖不能畫在竹簡上。我們現在把國土叫做"版圖",把户口簿叫做"版籍",來源都在這裏。古人把寫作稱爲"筆",删改稱爲"削",跟簡册有關。《史記》説孔子修《春秋》,"筆則筆,削則削,子夏之徒不能贊一辭"。筆是在竹簡上寫字,削就是把竹簡上的青皮削掉。另外,竹簡的長短也很有講究,最尊貴的文件用三尺長的簡,所以古人稱法律爲三尺法。經書用二尺四寸的簡,普通文章祇能用六寸長的簡,稱爲"簿"。以出土簡册實

物驗證,這種説法大致是正確的。從商朝直到漢朝,簡册是書籍
發表的最主要物質形態。

簡册的發達,與整個的文化發展分不開,與由王官之學到私
人辦學分不開。孔子私人辦學,開了私人著述之風。《論語》的文
章比較短,風格也不統一,"上論"比較簡略,"下論"的文章比較活
潑而有啟發性。《論語》之後的《孟子》,文章段落就比較長了,風
格也很統一,但每篇還沒有統一的主題。《莊子》每篇都有統一的
主題,但篇的名稱不是根據内容起的。到了《荀子》、《韓非子》,每
篇不但有明確的主題和中心,而且有意識地以内容名篇。所以,
"篇"的含義,在《論語》時代祇是物質的起訖,到了《莊子》、《荀
子》、《韓非子》時代就有了文意起訖的含義。秦代的《吕氏春秋》
是書籍發展史上重要的一部書,它有統一的編排,分篇也十分
清楚。

關於簡册,兩千年來有許多次重大的發現。這裏著重講其中
的七次。

第一次在西漢初年。當時的魯共王住宅靠近孔子舊院,魯共
王爲了擴大宅第,毀了孔子舊宅,發現一大批竹簡,其中有《古文
尚書》、《論語》和《孝經》。《古文尚書》後來又散佚了,現在的本子
是東晉人僞造的。這批書是秦始皇焚書時人們藏在孔子宅壁中
的,它的發現豐富了古代文獻,也引起了經學上的今古文之爭,是
中國學術史上的一件大事。

第二次在西晉太康二年(281 年)。汲郡有個叫不準的人發

掘魏襄王冢,得了幾十車竹簡。當時曾經學者荀勖加以整理,整理出了不少古書,可惜多半又在歷代兵燹中毀佚了。現存的汲冢書有兩部。一部是《穆天子傳》,其中有許多神話傳説,也包含有一些真實的地理記載。另一部《竹書紀年》,早已散佚,現存的是後人偽造的。有些人喜歡造假古董,我們在治學中必須對此提高警惕。比如上舉《古文尚書》,就是在原書散佚後偽造的,偽造時挖空心思,每一句話都有根據,使人不易覺察。後經清人閻若璩考證,纔得以發千餘年之覆。閻氏撰《尚書古文疏證》,所謂疏證,就是把作偽的每一句話,都從古書上找到來源,一一揭發,定成鐵案。近代學者王國維撰《今本竹書紀年疏證》,也證明了傳本《竹書紀年》之偽。王氏的功績還在於把假的字句和尚存於他書的真的字句擘分開來,另行輯録了《竹書紀年》,盡可能地恢復了原書的面目。近人朱希祖著有《汲冢書考》,亦可參看。

以上兩次是古代的發現。

第三次在清光緒三十四年,即公元 1908 年。英人斯坦因在新疆、甘肅一帶盜得漢朝到晉朝的木簡近一千枚,其中有許多關於邊防的文書檔案,還有一部語言學著作《急就篇》。斯坦因將原件盜走,現存於英國倫敦博物院。近人羅振玉、王國維利用斯坦因的材料,編成《流沙墜簡》。此書從 990 多個木簡中選了 600 個重要的,大體上反映了這批文物的面貌。

第四次在公元 1930 年。當時的西北科學考察團在甘肅居延發現了近萬片漢簡。前中央研究院勞榦編有《居延漢簡》一書。

居延漢簡中有一個記録兵器的賬簿,是東漢永元五年(公元 93 年)之物。其中有一半是完整的,許多木條連在一起,用兩根繩子束起來,相連的部分共七十六片。我們由此可以想見,古時候的木簡是要捲起來放的,要不就會混成一堆,無從查檢。木簡如此,竹册也是如此。在捲起來存放這一點上,簡策與帛書和卷軸實在並無多大本質區別。

新中國成立以後最重要的發現有三次。

第五次,1972 年,山東臨沂銀雀山漢墓出土了大量竹簡,内容多是子書和兵書。子書有《墨子》、《管子》、《晏子》,兵書有《六韜》、《尉繚子》。這次發現,解決了從漢代以來關於《孫子兵法》作者的争論。原來有兩種説法,一是較早的孫武,一是較後一點的孫臏。銀雀山竹簡有《孫子兵法》,又有《孫臏兵法》,這就證明了《孫子兵法》是孫武作的。《孫臏兵法》記載了孫臏與龐涓打仗的事。銀雀山竹簡現在有影印本。

第六次在 1973 年。長沙馬王堆三號漢墓出土了許多木簡和帛書。這次出土的古書中,有不但我們從不知道,就連劉向校書時也未得見的書,一本叫《十大經》,一本叫《經法》,另外還有兩種,規模比較小。這四種書都已由文物出版社整理成一册出版。還有一種,現在暫題爲《戰國縱横家書》,内容多講蘇秦的事,很像《戰國策》的格局。任繼愈先生《中國哲學史》最近重印,他特别補寫了關於《十大經》、《經法》哲學思想的一章。治學中重視迅速獲得科學情報,不斷把新材料吸收到自己的著作中,這是十分重要的。否則,講來講去總是舊東西,真成了白居易詩中説的"天寶末年時事妝",怎麼能不讓人笑!

第七次在 1975 年。湖北省雲夢縣睡虎地十一號秦墓,發現了一千多枚竹簡。據考證,多是秦始皇時代的法律文書。現亦由文物出版社影印出版。

這七次發現,特別是最近的四次,使我們見到了簡册的實物,也證明了竹簡和簡册制度對古代文化所起的作用。

從戰國時代開始,與簡册並行的還有帛書。我國是最早發明蠶桑的國家,絲織品不但用來做衣服,也用來做書寫材料。《墨子》中有"書之竹帛,傳遺後世子孫"的話,《韓非子》中説"先王寄理於竹帛",都是竹帛並提。比這兩次記載還早的,《論語》中説:"子張書諸紳。"紳是"大帶之垂者",子張在跟老師談話時,因爲没有別的書寫材料,就把孔子的話記在自己所繫的腰帶上。紳,就是絲織的帶子。

古代書籍計數時,或稱篇,或稱卷。篇的意義前面已經講過,它既是物質材料的起訖,又是意義上的起訖。卷的意義,一開始和篇差不多。用一幅很長的帛寫書,寫到一個段落,把多餘的帛剪去,立一個軸捲起來。後來,篇和卷的意義有了分別:篇代表内容意義的起訖,而卷往往衹代表物質的起訖。所以,古書常常篇和卷不是一回事,多少篇合成一卷。我們現在衹能説寫了幾篇論文,不能説寫了幾卷論文。章學誠曾注意到這個問題,這裏主要採用了他的研究成果。章氏把他著的《文史通義》分成内篇外篇兩部分,內篇中有《篇卷篇》,主要論述這個問題。我們現在看到的綫裝書,往往一册就分若干卷,一卷中又有若干篇,真正表示意義起訖的衹有篇,卷和册基本上不代表意義的起訖。

中國現在能見到的最早的帛書,是抗日戰争以前在長沙附近一個楚墓中發現的。原物已被一個美國人盜走了。1937年,我和我的老師商承祚先生在長沙曾見到過摹本,商先生做過專門研究。新中國成立後,長沙馬王堆三號漢墓出土了帛書《老子》,有甲乙兩種本子,爲《老子》研究提供了新材料。

3.卷軸制度階段(南北朝—唐末)

像現在常見形式的書籍出現,不論是活字排版的書還是整版雕印的書,都必須有大量的紙來印刷。所以書籍制度的演進,與紙的發明有很大關係。

紙是中國人值得驕傲的發明。《後漢書》上有蔡倫造紙的記載,所以一般認爲是東漢年間蔡倫發明的造紙。我們深入查考一下文獻,會發現,在蔡倫之前已經有了關於紙的記載。如《漢書·趙飛燕傳》中,就已提到了紙。最早的紙是用蠶絲纖維造成的,據近人研究,古人製作絲綿要把蠶繭放在竹席上用棒槌搗,搗過之後把絲綿拿掉,殘存的絲綿粘在席上,可以慢慢地把它揭起來。《漢書·趙飛燕傳》裏提到的,就是這種紙,當時稱之爲"赫蹏",很小很薄,可以用來包藥,但沒有提到用它寫字。蔡倫的功勞在於,他發明了用破布、破魚網造紙,使紙能夠大量生産並降低了成本,可以普及使用。漢代以後,紙的使用就很普遍了。

　　和紙的發明差不多同時,拓印的方法也出現了。東漢靈帝年間,政府刻了石經,因爲靈帝的年號叫熹平,這些石經也就稱爲"熹平石經"。熹平石經由蔡邕等人用隸書書寫,内容是今文七種經書的標準本,時間在公元 175 年至 183 年,前後共刻了八年。當時已經發明了紙,讀書人想要石經的文章,有人就想出了拓印的辦法。把紙鋪在石經上,噴上水,然後用一團比較軟的東西蘸上墨輕輕地拍,這樣就拓下了石經的文字。這種方法,事實上就是印刷術的原始狀態,但真正的印刷術發明,時間還要後一些。

　　紙發明以後,大量的還是用手寫書。手寫的書大量出現是在晉以後,稱爲"卷子"。我們現在見到的卷子,大體如附圖所示:

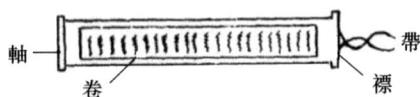

軸是一根棍子,用來把卷子捲起,如同現在字畫卷軸一樣。中間是寫了字的卷子本身。褾是一段空白,可以搭過去保護卷子。帶子有兩根,可以把捲起的卷子扎起來。這樣把寫好文章的紙裱起來,就叫一卷。帛書中有的帛織得很考究,用黑色絲織成的格子叫烏絲欄,用紅色絲織成的格子叫朱絲欄。寫本的紙卷子,有時也打上格子。

　　關於寫本的卷子,在中國校讎學史上,有一次重大的發現,就是敦煌卷子的發現。由於這次發現,西方漢學(Sinology)中分出了一個分支叫敦煌學。

　　敦煌在甘肅省,是一座歷史上有名的古城。敦煌一個山上有個千佛洞,敦煌卷子就是在千佛洞發現的。卷子都藏在石洞裏,時間大體屬於唐末和五代。這些書的所有者大概怕丟失,在山上挖洞藏起來,又把洞口封閉。到了九百年後的清光緒二十六年(公元1900年),有一個王姓道士沒有什麼文化,絲毫不懂得自己無意中揭開了中國文化史秘密的一角。別人隨便給他幾個錢,他就送給人家一大堆卷子。後來,帝國主義國家的學者,先有英國人斯坦因,後有法國人伯希和,到了敦煌,給了王道士一些錢,王道士就讓他們儘著挑選。伯希和挑的又多又好,斯坦因次之,但他們盜走的都是精華。後來別國的人也撈到一些。直到九年之後,1909年,許多學者要求當時的政府妥善處理,纔把剩餘的八千卷運到北京,不過已經是劫後孑餘了。這些卷子後由陳垣先生編爲《敦煌劫餘錄》,加以著錄介紹。新中國成立後,我國通過外交途徑將伯希和、斯坦因帶到巴黎、倫敦的敦煌卷子拍成了微型膠卷,杭州大學教授姜亮夫先生,曾在巴黎見過實物,寫過一本題爲《敦煌》的書進行介紹,可參看。

　　敦煌卷子目前還沒有個全世界的總目,有人估計約爲兩萬五千卷。內容有宗教書籍、經典,以及歷史、地理、科技方面的書,十分浩瀚。對於從事文學研究的人來說,敦煌變文(唐代講唱文學)和民間詞,都是十分珍貴的文獻。敦煌卷子《文心雕龍》對這部書的校勘也有重大價值。

　　4. 冊葉階段(宋以來)

　　雕版印刷術發明後,我國書籍進入冊葉階段。書籍形式逐漸

固定下來，一直延續到今天。這方面的問題，在下面兩節詳細
講述。

第三節　印刷術的發明與印本書籍

印刷術的發明不是偶然的，它是在前代的一些原始印刷方法
的啟發下產生的。

東漢末年，已有人拓印石經。這種方法逐漸推廣，就用於拓
印一般碑文。有的石碑因年代久遠而風化得看不清了，或者在天
災兵燹中毀掉了，可是拓印本還在，人們自然會想到利用拓印本
復刻石碑，又進一步想到拓印本也可以復製成木版，以廣流傳。
杜甫在《李潮八分小篆歌》中提到秦李斯所書嶧山碑的復刻，詩中
說：“嶧山之碑野火焚，棗木傳刻肥失真。”此詩講棗木傳刻，是因
爲棗木和梨木都是刻木版的上好材料。由此，古人刊刻自己的著
作也謙稱爲“災梨禍棗”。

由拓石碑到拓木版，這是對雕版印刷術的啟發。另一方面，
篆刻圖章也是一種啟發。紙放在要拓的東西上面，可以製成拓
片，但手續繁多，很費時間。如果像刻圖章那樣，把字體刻成反
的，就可以像蓋印那樣，把紙鋪在下面印，比拓印省事多了。當時
道教徒把他們認爲有法力的符篆咒語等刻成圖章，印在紙上送給
信徒，印章上的字有的很多，蓋下來就像一篇印成的文章一樣，這
很容易引起人們利用這種辦法印書的聯想。葛洪《抱朴子》中有

這種記載。佛教徒也常刻佛像印在紙上傳教用。現在發現的一些佛像,一張紙上印了許多小菩薩,每個小菩薩都一模一樣,顯然是刻成一個版多次印成的。

以上情形,都可以看作印刷術發明的嚆矢。

雕版印刷術的發明,有人認爲自唐代開始,這是有實物作證的。我們現在能見到唐懿宗咸通九年(公元 868 年)印的《金剛經》,前面有一插頁,印有菩薩說法的畫,菩薩高坐法臺,下面有人聽講,畫下還有字,刻工很精美。這部《金剛經》,許多年來被認爲是世界上第一部雕版印成的完整的書。不過,最近的發現使上述說法產生了動搖。胡道靜先生在 1979 年第 2 期《書林》上介紹了一篇美國人富善寫的文章:《印刷術:一個新發現的初步報告》(*L. C. Goodrich*, *Printing*: *Preliminary Report on a New Discovery*),原文載於《技術與文化》1967 年第 8 卷第 3 期(Technology and Culture v. 8 No. 3, 1967)。這篇文章報告了:韓國東南部有一個佛國寺,1966 年在該寺釋迦塔中發現了一本《無垢淨光大陀羅尼經咒》,這本佛教經咒用漢字印刷,顯然自中國傳來,是紙質的印刷品。經鑒定,此書刊印於公元 704 年至751 年之間,即武則天長安四年到唐玄宗天寶十年。如果是長安四年所印,它比上述《金剛經》早 164 年;如果刊印於天寶十年,也早 117 年。現存的東西未必就是首先出現的,所以印刷術的發明,應當還早一些。有人把印刷術的出現定在隋代,這種可能性是有的,不過還沒有實物作證。

　　到了宋代,不但雕版印刷十分發達,還出現了活字版的印刷。沈括《夢溪筆談》卷十八有很詳細的記載:

　　　　版印書籍,唐人尚未盛爲之。自馮瀛王始印五經已後,世典籍皆爲版本。慶曆中,有布衣畢昇,又爲活版。其法用膠泥刻字,薄如錢唇,每字爲一印,火燒令堅。先設一鐵版,其上以松脂蠟和紙灰之類冒之。欲印,則以一鐵範置鐵板上,乃密布字印。滿鐵範爲一板,持就火煬之,藥稍鎔,則以一平板按其面,則字平如砥。若止印三二本,未爲簡易;若印數十百千本,則極爲神速。常作二鐵板,一板印刷,一板已自布字。此印者纔畢,則第二板已具。更互用之,瞬息可就。每一字皆有數印,如"之"、"也"等字,每字有二十餘印,以備一版内有重複者。不用則以紙貼之。每韻爲一帖,木格貯之。有奇字素無備者,旋刻之,以草火燒,瞬息可成。不以木爲之者,木理有疏密,沾水則高下不平,兼與藥相粘,不可取;不若燔土,用訖再火,令藥鎔,以手拂之,其印自落,殊不沾污。

　　胡道靜先生對《夢溪筆談》有精到的研究,他的《夢溪筆談校證》對原書中有關科學技術的記載都作了明確的解釋,並且引用了國外學者的研究成果,這是對傳統校訂方法的發展。

沈括講的活字,是膠泥做的。沈括指出了活字的長處在於印數越多越方便。在沈括之後,活字的原料有所改變,中國出現了木活字、銅活字、鉛活字、瓷活字等,朝鮮還出現過鐵活字。我們現在用的鉛字,是鉛和銻的合金做的。銻有一種膨脹作用,能使字跡印得更清楚。

自宋朝發明活字版以來,在一千多年的時間裏,活字版並沒有代替了雕版。這與當時文化的發展程度有關係。古代讀書人少,一部書最多不過印幾百本。雕版相當於現在的紙型,可以長期保存,比較經濟。

我們現在出版書籍,在正式開印之前要先印"大樣"和"小樣"以供校對用。雕版印刷也是這樣,在開印之前先用紅顏色印一部分,作爲樣本,稱爲"朱印本",有時也用藍顏色,稱爲"藍印本",都表示與正式印本有別。校對後大批印刷,就用墨了。後來,有人從絲織物上得到啟發。絲織物有不同的顏色,或者用不同顏色織,或者織好後染色,或者畫上各種顏色的花紋。這就使人聯想到,印書也可以刻成幾個版,用不同顏色套印幾次,於是發明了套版印刷。套版是從明代開始有的,最考究的有五色,一般是三色或兩色。

第四節　雕版印刷術發明之後的書籍制度

以竹簡、木版爲主的書籍制度,可以稱爲方册制度,《禮記·中庸》上説:"文武之道,布在方册。"以帛、紙爲材料的書籍制度,稱爲卷軸制度。以下,著重講直到現在還保留的書籍制度——册葉制度。

首先,我們圖示一下古代綫裝書的版面樣式,介紹一些基本知識:

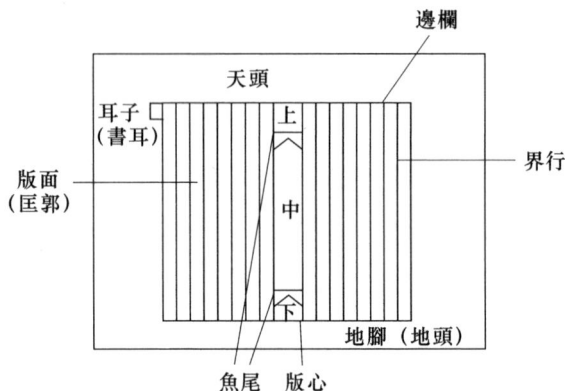

另外,還有少數版面爲二層或三層的:

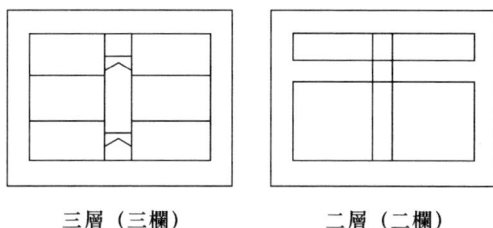

三層（三欄）　　　二層（二欄）

劉國鈞先生所著《中國書史簡編》對册葉制度有較詳細的介紹,現摘引有關段落作爲上圖的説明。

"册葉裝"是由累積的許多單葉而裝訂成册的。所以這種制度,稱爲册葉制度。這種制度仍是現在世界上印刷書籍的普通形式。

爲了瞭解這種制度,首先要認識雕版書版面的各個部分,再瞭解積葉成册的方式。

一塊版所占的面積稱爲版面或匡郭。版面上有邊欄、界行和版心。版心又稱中縫,從版心折疊,就成爲一個對折葉的上下面。版心分作三欄,欄是以魚尾分出的。中欄一般題寫簡略書名、卷次、葉數。上欄在從前是刊刻葉數的地方。後來把中欄的書名移至此處,也有刊刻出版家名稱的。下欄從前記刻工姓名,現在多爲記出版家名稱或叢書總名。南宋以後,版心成爲書口,書口有時空著稱爲白口,有時刻一道黑綫,名黑口,又因黑綫的粗細而産生大黑口(粗黑口)、小黑口(細黑口)等區別。

　　在宋版書中,左欄外上方往往刻印有一小方格,內略記有書中篇名,稱爲書耳或耳子。有些書把整個版面分成兩或三大欄,分別稱爲上欄、中欄、下欄。分欄的書在一般人民日用書、舉子場屋書和通俗小說之類的書中,特別常見。

　　積葉成册是有一定次序的。書的起首處總有題著本書名稱的一葉,現在稱爲書名葉,從前稱爲封面頁或內封面。現在稱爲封面的一葉,從前稱爲書皮或護封,是不計算在全書之內的。書名頁的背面往往有刊記或牌記,記載刻書的年、月、地點及刻書人。但是在從前的書中,這三項記載都完全的並不常見。此外,有些書在目錄後面或序的後面以及書正文中間有時也刻有牌記。但書中牌記有時不能作爲憑證,因爲有些翻刻古書的人在翻刻古書時往往把原有的牌記也照樣翻刻出來。

　　封面之後,一般是序(著者自序或別人的序)和目錄,然後是正文。正文之後,有時有種種參考材料,稱爲附錄,或者有跋。有時附錄的材料很多往往合成一卷,稱爲卷末。有時也將附錄性質的材料刊在正文或目錄之前,稱爲卷首。卷首和卷末都不是書的正文,而是幫助瞭解正文的材料。有時這項材料很多,還可以再分子卷,稱爲卷首之一、卷首之二等等。

　　上面所說的這些情形一直保存在後世的印刷書籍

內，就是目前的鉛印書中還保存著很多。

大體上說來，北宋刊本多是雙邊、白口、字大、行寬。南宋逐漸流行黑口，由小黑口到大黑口。多爲單邊、字細、行密。紙張在北宋時多爲潔白強韌，南宋建本纔有黃紙。墨色一般都濃厚像漆。字體在北宋時整齊渾樸，早年多用歐陽詢體，後來逐漸流行顏真卿、柳公權字體。南宋中葉，漸出現一種秀勁圓活的字體。因此，根據版本的種種特徵可以判定一部刻本的年代。但是，必須認識到版本的式樣是極其複雜的，各地方各時代的刻書風氣是彼此不同而又時時變化的，絕不能單憑一兩項特徵來孤立地推斷版本的時代。

宋版書的字體是後世各種印刷字體的源泉。元朝人承襲南宋風氣，字體圓活，後來多用趙孟頫字體，更加秀媚柔軟。普通稱爲"元體字"。明朝初年沿著元朝的作風，明初刻本有時很難和元刻區別。嘉靖年間（一五二二年—一五六六年）展開復古運動以後，刻書的人便模仿北宋人所用字體，但是採用了整齊方板，棱角峻厲的方面。到萬曆年間（一五七三年—一六二〇年）發展成爲方筆，字形膚廓、筆畫板滯、漸成機械式圖案。明末清初，更漸漸變爲橫輕直重，橫細直肥、四角整齊的方塊字，而稱之爲"宋體字"，其實已不是原來宋版書的字體了。這種字體在清朝一直沿用著。十九世紀活字印刷術興起，又用這種字體鑄造鉛字。因此，這種字體就被固定下來，成爲標準的印刷體了。現在印刷界把它稱爲"老宋體"。同時又鑄造了以南宋字體爲模範的"長宋體"、"聚珍仿宋體"等。

元體字到了明朝，就逐漸發展成爲依照手寫楷體來雕版的"軟體字"。也有依照行書或草書甚至篆文來雕版的。這都是些精刻本。在現在鉛字印刷術中也有以楷書爲字模的。正楷活字，是取清朝精刻的軟體字爲模範的。

從上面所説看來，可見宋版書的雕刻技術一直影響到我們現代的書。

最後再談談宋版書的裝訂制度。如前所述，當印刷書籍最初出現時，印刷裝訂形式都還是模仿卷軸制度的。唐末出現的經折裝和旋風裝也爲印刷者所利用。特別是後世許多印刷的佛經，仍採用著經折裝。但是經折裝的折縫易於斷裂。斷裂之後便成爲散葉，其面積恰好相當於一版。因此，在五代和北宋之間就出現了一版一葉，以散葉裝訂成冊的制度，即册葉制度。册葉制度的最初形式是蝴蝶裝，即以書葉反折（有字的紙面相對折成）而將中縫粘在一張裹背紙上的裝訂形式。蝴蝶裝的外封面一般都用硬質紙張。因此，在書架上可以直立。宋代的書，特別是北宋時，在排架時都以書口向下，書背向上，書根向外，直立排列的。這和現代排架形式相仿佛。

蝴蝶裝在翻閱時不大便利。因此，就有人將書葉正折（即有字的紙面露在外面），這就形成了包背裝。包背裝在南宋時出現，元朝很盛行。這種形式，閱讀方便了，但排架時容易磨損書口，使書葉斷裂，因此，就改爲平放。既然平放，就不必再用硬封面了，因此就有了軟面的書。

包背裝有兩種裝訂方法：一種是將散葉粘連在包背的紙上，這是較早的方法。一種是在書葉的邊欄外的餘紙上，用紙捻或綫穿訂起來，再加上包裝的封面。明代的包背裝大多數是這種方法。明代中葉後，就有了不用整張紙裹背而將兩張散葉作爲外封面，用綫連同書中正文訂在一處，這就是綫裝。這個綫裝形式一直沿用到近代。綫裝形式也有一定的發展，如包角、袍套等等方法。

蝴蝶裝、包背裝和綫裝都是積葉成冊的。所以都是冊葉制度的形式。到現代出版的平裝書或精裝書也都是冊葉形式。冊葉形式是印刷術發明的結果。（《中國書史簡編》訂補本第七十頁至七十三頁）

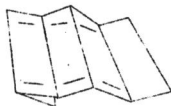

經折裝

蝴蝶裝

線裝

包背裝

第五節　讀書必須擇本之故

顧廣圻在《思適齋文集》中談到讀書必須擇本的道理：

　　蓋由宋以降，板刻衆矣。同是一書，用較異本，無弗
敻若徑庭者。每見藏書家目録，經某書、史某書云云，而
某書之何本，漫爾不可別識。然則某書果爲某書與否且
或有所未確，又烏從論其精粗美惡耶？（《思適齋文集》
卷十二《石研齋書目序》）

余嘉錫先生在《目録學發微·目録書之體制四》中也説：

　　蓋書籍由竹木而帛而紙；由簡篇而卷，而册，而手抄，而刻板，而活字，其經過不知其若干歲，繕校不知其幾何人。有出於通儒者，有出於俗士者。於是有斷爛而部不完，有删削而篇不完，有節鈔而文不完，有脱誤而字不同，有增補而書不同，有校勘而本不同。使不載明爲何本，則著者與讀者所見迥異。敘録中之論説，不能不根據原書。吾所舉爲足本，而彼所讀爲殘本，則求之而無有矣。吾所據爲善本，而彼所讀爲誤本，則考之而不符矣。吾所引爲原本，而彼所書爲別本，則篇卷之分合，先後之次序，皆相刺謬矣。目録本欲示人以門徑，而彼此所見非一書，則治絲而棼，轉令學者眩亂而無所從，此其所關至不細也。反是，則先未見原書，而執殘本誤本別本以爲之説，所言是非得失，皆與事實大相徑庭，是不惟厚誣古人，抑且貽誤後學，顧廣圻所謂“某書之爲某書，且或未確，烏從論其精粗美惡”也。然善本不易得，且或不之知，況人之所見不同，善與不善，亦正未易論定。以四庫館聚天下之書，而《提要》所據，尚不能無誤。著書之人，類多寒素，豈能辦此。惟有明載其爲何本，則雖所論不確，讀者猶得據以考其致誤之由，學者忠實之態度，固應如此也。

余先生的話發揮了顧廣圻的話，他的意思是説：從事科學研究，所引用的材料一定要注明版本。如果你的知識非常廣博，所用的本子又是有代表性的，那誠然很好。但是要做到這一點比較困難，治學者不可能每用一本書都查考一番，在你掌握最好的本子之前，要在文章中注明自己所用的版本，以便別人核對你所引用的材料。這一點很重要，比如劉禹錫的作品集，《畿輔叢書》本有《劉賓客文集》，《四部叢刊》中卻叫《劉夢得文集》，書名不同，內容也不同。如果寫文章的人引用的是《四部叢刊》本，而別人找《畿輔叢書》本查對，那麼卷次不一致，就很不易查到。外國漢學家引書，不但注明第幾頁，還注明是陰面或陽面，用 a 或 b 表示。我們不一定這麼呆板，但最少要注明卷次。做研究寫論文，要有嚴格規範，論文後面應開列詳細參考書目，並著錄所用版本，這是不能馬虎偷懶的。不但古書如此，現代的書也有這種問題。就拿《毛澤東選集》來說，第一版跟第二版就不完全相同。再如陳寅恪的《元白詩箋證稿》，這是元白詩研究的重要著作，它提供了以史證詩和以詩證史結合的研究方法，是研究古典文學的人必讀之書。這本書就有三種版本。嶺南大學中國文化研究室的鉛印綫裝本是最早的版本，正文外附有油印的補充材料。新中國成立後，陳先生作了修訂，先後出了北京古籍刊行社本和上海古籍出版社本。由於作者一再修訂，當然是愈後的版本愈好。古書的情況比較複雜一些，有不同的版刻源流，很難說哪個本子完全沒有錯誤，這就要參校不同的注本，找出最可靠最正確的解釋。所以治學的人要有一點版本學知識，會選擇好的版本。

好的版本叫“善本”，《漢書·河間獻王傳》有這樣的話：

從民得善書，必爲好寫與之，留其真。

文中所説的“善書”，也就是今天説的“善本”。宋代葉夢得《石林燕語》卷八中説：

唐以前，凡書籍皆寫本，未有模印之法，人以藏書爲貴。書不多有，而藏者精於讎對，故往往皆有善本。

他不但使用了善本的名稱，而且透露了對善本的認識：經過認真校對的就是善本。

朱弁《曲洧舊聞》卷四中説：

穆修伯長①在本朝爲初好學古文者，始得韓柳善本……欲二家文集行於世，乃自鏤版，鬻於相國寺。

又談及宋次道家藏書：

其家藏書，皆校三五遍者。世之蓄書，以宋爲善本。

───────────

①　北宋古文家穆修字伯長。

這些看法,與《石林燕語》是一致的。

　　清末張之洞著《書目答問》,在《略例》中明確提出選擇善本的重要性:

　　　　讀書不知要領,勞而無功;知某書宜讀而不得精校精注本,事倍功半……多傳本者,舉善本。……

他的《書目答問》,就循此原則編製。後來,張之洞在《輶軒語・語學》中寫了《論讀書宜求善本》一條,更提出了善本的標準:

　　　　善本之義有三:一、足本,無缺卷、未刪削;二、精本,精校、精注;三、舊本,舊刻、舊鈔。

張氏提出的善本書標準,到現在看還是正確的。首先要完全。我們研究問題,希望掌握全部材料,但古代的版刻書,有的因裝訂疏忽缺卷缺葉,或者經過編書人的刪削,這就影響到材料的完整和真實。比如清代修《四庫全書》,把明朝人書中的"胡、虜、夷"等字都加以刪改,或者寫個框框代替。錢謙益原是明臣,降清後又得罪了清朝皇帝,皇帝下令燒毀他的書。別人如果引用他的著作,也不敢稱呼他,衹好打上幾個叉,叫×××尚書。所謂足本,指沒有裝訂遺漏,也沒有編書人有意的刪削。

　　第二,要是精本。一要精校,一種精校是與原稿一點都不差,一種精校是根據校勘知識改正了原書的錯誤,這就非學者不能做到。二要精注,除一般詞語、典故、歷史背景的注解外,精注本有的能在注解中體現著者的學術流派。文學作品的選本,可以通過選輯來體現編選者的文學思想。古代的經學注解,很注意這個問題,今文家與古文家對同一段經書,講法就完全不同。

第三,"舊本",也就是我們通常説的"古本"。一是要舊刻,我們常常以宋版、元版爲善本,因爲舊刻比較接近原作的手稿,出現錯誤的可能性小。二是要舊抄,有些書没有傳世刻本,不靠抄本就見不到這些書。十八世紀所修的《四庫全書》就是抄本,商務印書館的《四庫珍本叢書》即據以影印。抄本中學者所抄的書最爲可貴,因爲比較可信,比較接近原稿。

總起來説,善本的標準有三方面:完全,易通解,接近原稿。

尋求善本,歸納到底還是爲了治學。張之洞在《輶軒語·語學》中説:"校後宜讀,若校而不讀,便成笑柄。"他所針砭的就是當時某些藏書家爲校書而校書,祇以校出錯了爲樂而不進行學術研究的作風。作爲研究學術的人,對善本的理解和圖書館、博物館工作者,以及文物工作者的理解並不完全相同。從書的文物價值和收藏價值看,古本就是善本;但對治學來講,古本就未必都是善本。《書林清話》中有一則材料,題爲《宋刻書多訛舛》,其中談道:

王士禎《居易録》二云:"今人但貴宋槧本,顧宋板亦多訛舛,但從善本可耳。如錢牧翁所定杜集《九日寄岑

參》詩,從宋刻作'兩脚但如舊'而注下云:'陳本作雨.'
此甚可笑。《冷齋夜話》云:老杜詩'雨脚泥滑滑',世俗
乃作'兩脚泥滑滑'。此類當時已辨之,然猶不如前句之
必不可通也。"

文中所舉"陳本",也是宋刊本,即陳浩然本。這個本子現在沒有
單刻本,附在其他宋刻本中。杜甫的幾句詩原文是:"出門復入
門,雨脚但如舊。所向泥活活,思君令人瘦。"唐人有一種習慣説
法,凡是下垂的東西都叫做"脚",如李賀詩中有"露脚斜飛濕寒
兔",白居易詩中有"水面初平雲脚低",此外還有"日脚"等説法。
即在杜詩中,也有"雨脚如麻未斷絶"的詩句。錢牧齋看到宋本作
"兩脚",就不敢改,祗加注説:"陳本作雨。"王漁洋是個文人,不講
校勘,就主張給它改過來。不過下面所引釋惠洪《冷齋夜話》的一
條,是錯誤的。杜詩中並没有"雨脚泥滑滑"之句,是釋惠洪記錯
了,王漁洋和葉德輝都没有注意到。

在同一條中,葉德輝又説:

吾謂不特此也。如盧文弨《抱經堂文集》所跋《白虎
通德論》宋刻二卷本,開卷即訛"通德"爲"建德"。陸
《志》載宋刻任淵注《山谷黃先生大全詩注》二十卷,前序
稱"紹興鄱陽許尹敘","紹興"下脱年月,均爲可笑。

文中所説的"脱年月",是指脱掉了年份,有的本子在"紹興"下還有"乙亥冬十二月"數字。乙亥即紹興二十五年(1155年)。葉德輝在下面還舉了一些例子,這裏不一一徵引了。總之,這些例子説明了,古本未必都是好本子。我們讀書應擇善而從,不要一味迷信古本。

下面,附帶解釋幾個版本學中常見的名稱:

稿本:作者的原稿。有已經刊刻成書的原稿,也有尚未刊刻的原稿。從稿本可以看到作者修改的情況,從而可以研究作者思想發展的痕跡。因此,稿本是可珍貴的本子。

套印本:所謂朱墨本,由兩色、三色或五色套印。一般刻工都很精美,有藝術價值。套印本把各家的評語用不同顏色印出,閲讀醒目方便。

插圖本:一種是上圖下文,每葉有圖的;一種是偶有插圖的。古代經書和史書有的附有插圖,但絕大多數插圖本是小説戲曲。明刻本插圖都很精美。《四部叢刊》本《吳騷合編》,有插圖數十幅,精細生動。

名家寫刻本:這是由名家書寫,並聘請刻工高手刊刻的。《四部叢刊》本《漁洋精華録》就是影印的名家寫刻本。此書由王士禛的學生林佶書寫,林佶小楷很有名,又是爲老師寫詩稿,所以特別認真。

精印精裝本:印刷、裝訂都很考究的本子。如《影印四庫全書四種》,經史子集四部各印一種,函套做得很漂亮,書面還是用綾子裱的。

字大宜老:這是善本的標準之一,字刻得很大,宜於目力差的老人看。

書影:把善本書的書葉照原樣影印,供鑒別者參考。楊守敬《留真譜初編》、顧廷龍《明代版本圖錄初編》、北京圖書館《中國版刻圖錄》,都收集了許多書影,書前序中對書影有所介紹。

行格表:清末江標著有《宋元本行格表》(靈鶼閣叢書本),把各種版本的行款格式列成表,注明每葉若干行、每行若干字等。這是鑒定宋元版本的一種參考工具書。

第六節　鑒定版本的手段

鑒定古書的版本,是一種很複雜的技能,除了從書面上學習之外,最重要的還要靠實踐經驗,必須見多識廣,積以歲月,纔能在鑒別版本時比較有把握。我國雕版印書歷史悠久,源流風格千門百類,加以舊時書賈每造假以求高價,都給鑒定工作帶來很多困難。這裏,祇能介紹一些一般的知識,供利用版本時參考。

辨別古書版本的根據,有兩個方面。

首先是根據前人的著録。南宋以後,特別是明清以來,關於版本學的研究逐漸發達,出現了很多善本書目。這些書目有的記載了版本,可供鑒別時參考。善本書目中較早的是南宋尤袤所編《遂初堂書目》。最近,根據周總理生前的指示,我國圖書界正在通力協作,編寫《全國善本書目》。這是我國校讎學史上空前的盛舉。書目編成之後,將爲我們辨識和利用古書版本提供極大的方便。

除了依據前人的書目之外,鑒別版本主要的方法還是要根據個人目驗。如果我們對各代版本特點有了瞭解,見到實物後便可一一將這些特點進行對照,然後判定實物的版本。目驗時要注意辨別的,主要有以下幾方面:

1. 版式

各代的版式不同,可以提供版本的時代依據。版式包括尺寸、單邊或雙邊、黑口或白口、魚尾形狀和有無花紋等。這些部位的情況,都因時代而異,如北宋多雙邊白口,南宋以後則以單邊黑口爲多。在辨別版式情況時,可以對照各種書影。書影是按照原書尺寸翻印的,與現在縮小尺寸的影印本不同。

辨別版式還要注意一點,就是刻本與活字本的不同。一般來説,活字本可能出現歪斜以至倒植的情形。英國人鑒別活字本時,在書葉對角畫一斜綫,比較斜綫分割成的兩半有無不同,有不同的可能是活字本。這也不失爲簡單易行的辦法。

2. 行款

行款主要指每半葉有若干行,每行有若干字。宋版行寬字少,越到後來,行愈密,字愈多,刻得也愈不工,甚至出現掉字或刻成雙行。前舉清末江標所編《宋元本行格表》,可作爲對照的工具書。

---

3. 刀法、刻工

各代有各代的風氣，著名刻工又有自己的風格，這可以作爲鑒定版本的依據之一。宋元刻本多記刻工姓名，日本人長澤規矩也編有《宋元本刻工表》，可供查考。

4. 裝訂

如前所述，裝訂方式的不同反映了時代的不同。

5. 紙張

紙張不同，也反映著時代特點。宋版書紙質潔白堅韌，簾紋較寬。元代以下，常用竹紙、綿紙等。有些古書是用印過別的文字的紙背面印刷的，更可提供時代特徵。鑒別紙張，過去祇靠目驗，現在有了許多科學方法，可靠性大大增強。

6. 墨色

宋初印書，用墨比較考究，一般清純淡雅，嗅之有清香。南宋以下，坊刻本用墨漸劣。明萬曆之後，坊間多以煤煙和麵粉印書，更形醜劣。

7. 避諱（諱字）

避諱是東方特有的風俗。因爲避諱在歷史文獻中影響很大，歷史學中已有一門輔助學科"避諱學"出現。陳垣有《史諱舉例》之著，是迄今論述避諱最好的一部書。

避諱的習慣，從周朝就有了。一開始祇是在帝王、長上死後避稱其名，後來在活著時也不能提其名諱，在需要書寫時就用各種辦法，或寫別字，或缺末筆，以表示避諱。再後，不但避諱本字，而且避諱嫌名(即同音字)。顏之推《顏氏家訓・風操篇》中講述了許多避諱的例子。我們在文獻中常見到的避諱現象也很多。唐太宗名世民,唐代文獻就以"代"來避"世"字,以"人"來避"民"字。唐代有個皇帝祖父名虎,就以"獸"、"武"來避"虎"字。現在江蘇人把蜜稱爲蜂糖,是由避五代楊行密的"密"字而來的,這是避嫌名。雉叫做"野雞",是由避呂后之名而來的。

避諱給我們閱讀古代文獻帶來麻煩,卻也爲鑒定版本時代提供了綫索。比如宋欽宗名桓,欽宗時代印的書就避"桓"字。應當注意的是避諱的習慣:過五代以後不再避諱。因此,由避諱可以決定版本時代的上限,卻未必能決定其下限。

8.印刷情況

這方面,首先是辨別原版或補版。一般来说,原版比較好,但補版如出自名家之手,改訂了原版的錯訛,補版就比原版好了。

其次,是辨別原印和後印。宋版元印、元版明印等情形都很多見。原印字跡清晰,後印則逐漸模糊。

此外,還要認清翻本和影本。這兩種衹能提供原書樣式,是沒有什麼文物價值的。

第七節　如何稱呼版本

經過鑒定的版本,在引用時需要給予簡單明確的名稱。稱呼版本,一般採取如下方式:

1.以朝代稱：如明本、宋本、宋刻元印本等。還可以以年號稱，如"元大德本"、"明嘉靖本"等。

2.以地域稱：如四川印的稱"蜀本"，福建印的稱"閩本"、"建本"或"麻沙本"。

3.以官府稱：宋代以來有官府刻書之舉，如國子監所刻之書稱"監本"。

4.以出版家稱：如"毛刻本"即"汲古閣本"，廣東伍崇曜所刻書稱"粵雅堂刻本"等。

以下，介紹幾種版本學的入門書：

1.劉國鈞：《中國書史簡編》（高等教育出版社，書目文獻出版社又有鄭如斯訂補本）；

2.毛春翔：《古書版本常談》（中華書局）；

3.葉德輝：《書林清話》（古籍出版社）；

4.錢基博：《版本通義》（古籍出版社）；

5.張秀民：《中國印刷術的發明及其影響》（人民出版社）；

6.王國維：《簡牘檢署考》（《海寧王靜安先生遺書》、《王忠慤公遺書》）；

7.馬衡：《中國書籍制度變遷之研究》（《圖書館學季刊》1卷2期）；

8.余嘉錫：《書冊制度補考》（《余嘉錫論學雜著》）。

第三章　校　勘

第一節　校勘學的起源和功用

校讎是文籍整理的重要手段之一，也是科學研究工作者在從事書面材料(特別是古代的書面材料)研究時所必需掌握的一種基本功。

如前引應劭《風俗通》引劉向《別録》中校讎之義："一人讀書，校其上下，得繆誤，爲校；一人持本，一人讀書，若怨家相對，爲讎。"可見，校讎的原始意義，就是改正書面材料上由於種種原因而形成的字句上的錯誤，使之恢復或接近本來的面目，這也就是我們今天在印刷出版工作中經常做著的校對工作。

但是，改正字句方面的錯誤，在西漢末年劉向等大規模地從事古代典籍整理的工作中，祇不過是一個環節。在這以前，需要搜集和研究書籍的各種版本，纔有可能進行校正，寫出定本。在這之後，還要給每一部書編定篇目，撰寫序録，並將全部整理好的書籍編成書目，撰寫大小類目的序例。最後，還得研究這些書籍的保藏乃至於流通的方法。

　　因而校讎以及通過校讎事業的總結而建立的校讎學,自來就有廣狹二義。廣義的指書籍的版本、校讎、編輯目録、保藏和流通等方面的研究。如宋鄭樵的《校讎略》、清章學誠的《校讎通義》這兩部專著,所討論的範圍都涉及廣義的校讎。狹義的則專指改正書面材料上的文字錯誤。爲了便於區分,後人往往將狹義的校讎稱爲校勘。從這個意義上講,校勘是校讎的一部分,它是以研究怎樣糾正書面材料上的文字錯誤爲目的的。

　　馬克思説:"語言是思想的直接現實。"就是説,人類的思想感情是通過語言來表達的。但是,在我們還没有掌握録音技術之前,口頭語言是難以精確地保存下來的。人們要將思想感情準確地,同時又長遠和廣泛地流傳,就要靠文字記録,這就產生了書面語言。這些書面語言在流傳的過程中,無論是抄寫,還是印刷,總免不了出現這樣或那樣的錯誤。如果讀到的文字是錯誤的,那顯然就不能完全領會作者的原意,甚至要發生誤解。如果從事研究工作,依據錯誤的字句及對原書的誤解進行研究,自然也得不出正確的結論。所以説,讀書也好,搞科研也好,就有一個尋求"善本"的問題。

　　什麼是"善本"？經過精確詳慎的校勘,符合或接近原稿的面目,這是善本的基本的與第一的條件。我國有許多善本書,是由各個時代的專家們校過的,我們可以方便地加以利用。但是我國是一個有五千年文明史的國家,就是從甲骨文算起,也有將近四千年的歷史,它所保留的典籍,雖然經過歷代的損失,仍然比任何一國都多。文籍豐富,流傳久遠,這就需要整理。但可惜的是,還有許多重要的材料没有經過校勘,有的雖然校過,卻比較粗略,不夠理想。在這種情况下,就有自己動手的必要,且不要説對没整理過的典籍,即使是對前人校過的材料,在使用的時候,也不可掉以輕心。要熟悉歷代有哪些名家,有哪些名校本,要注意哪一個人校得最好,哪一種校本最好。做學問如積薪,應當後來居上。應當在前人走過的路上,向前多走一步。如果自己能做過某些校勘,爲别人提供一些方便,這就是爲祖國的文化事業做出了一點貢獻。因此,可以這樣説,如果是做研究書面材料的工作,校勘則是必須掌握的一種基本功。

我國的校勘事業起源很早,周秦時代,已有從事校勘的實例,正考父校《商頌》,就是《左傳》上的例子。《吕氏春秋》上也有一個很有名的例子,《察傳篇》云:"子夏之晉,過衛,有讀史記者,曰:'晉師三豕涉河。'子夏曰:'非也,是己亥也。夫己與三相近,豕與亥相似。'至於晉而問之,則曰:'晉師己亥涉河也。'"己字古文作"弖"。缺去兩個"丨",便誤爲"三";古文亥作"𠄐",豕作"𣎵",字形相近,因而致誤。所以子夏得據文義及字形加以校勘,從而糾正其錯誤。

漢代的校勘,當以劉向父子最爲著名。這一點,孫德謙在《劉向校讎學纂微》的《訂脱誤篇》中説得很清楚:

書之貴乎校訂者,懼其有脱誤也。夫一書之中,其

脱誤或在篇章,或在字句。後人讀之,苟無善本相校,必
致文義難曉,有索解而不得者。班固《漢書·藝文志》於
《易》家云:"劉向以中古文《易經》①校施、孟、梁丘經,或
脱去'無咎'、'悔亡'②。"於《書》家云:"劉向以中古文校
歐陽、大小夏侯三家經文,《酒誥》脱簡一,《召誥》脱簡
二,率簡二十五字者,脱亦二十五字;簡二十二字者,脱
亦二十二字。文字異者七百有餘,脱字數十。"則向之校
書,凡書有脱誤者,知其必詳加釐訂矣。又如《晏子書
録》:"中書以夭爲芳,又爲備,先爲牛,章爲長,如此類者
多,謹頗略揗。"《列子書録》:"中書多,外書少,章亂布在
諸篇中,或字誤以盡爲進,以賢爲形,如此者衆。及在新
書,有棧,校讎從中書。"《戰國策書録》:"本字多誤脱爲
半字,以趙爲肖,以齊爲立,如此者多。"(《北堂書鈔》:
"古文或誤以見爲典,以陶爲陰,如此者多。"此未言所校
何書,附此。)其言略揗、有棧者,據顧野王《玉篇》,揗爲
古文牋字。揗既與牋通,棧亦從戔得聲,則揗、棧當是同
字。牋,《玉篇》訓作表,推向之意,必謂《晏子》諸書,其
脱誤處皆已表出而訂正之矣。觀於此,書之須待校讎
者,爲能訂其脱誤也。吾讀顔之推《家訓》矣,其《勉學
篇》曰:"江南有一權貴,讀誤本《蜀都賦》注,解'蹲鴟,芋

---

① 中古文《易經》:當時國家圖書館所藏的古文《易經》。
② 無咎、悔亡,是《易經》中表示吉凶的專門術語。

也'，乃爲'羊'字。人饋羊肉，答書云：'損惠蹲鴟'。舉
朝驚駭，不解事義，久後尋跡，方知如此。元氏[①]之世，
在洛京時，有一才學重臣，新得《史記音》而頗紕繆，誤反
'顓頊'字，頊當爲許錄反，錯作許緣反，遂一一謂言：'從
來謬音專旭，當音專翾耳'，此人先有高名，僉然信行。
期年之後，更有碩儒，苦相究討，方知誤焉。"如其説，讀
誤本書必且誤解而莫辨其非矣。以此爲言，書之脱誤，
其不能不用校讎也，豈不皦然甚明？《家語》載："子夏見
讀史記者曰：'晉師伐秦，三豕渡河。'子夏曰：'非也，己
亥耳！問之晉史，果然。'"校讎之學，其所從來遠矣。然
成爲專家者，要自托始於向。《文選·魏都賦》"讎校篆
籀"李善注引《風俗通》曰："案劉向《別録》：讎校，一人讀
書，校其上下，得謬誤，爲校；一人持本，一人讀書，若怨
家相對，故曰讎也。"蓋所以名爲校讎者，直欲使書之脱
悉從而辨訂之耳。(《孫隘堪所著書》)

東漢末年的大學者鄭玄(字康成)，搞校勘也是很有名的。他
給《詩經》作過箋，給《三禮》作過注。他的注本一直流傳到現在，
功績是很大的。他在注經的過程中，對各種不同的本子都作過比
較，訂正了不少脱誤。他有一篇《戒子書》，有兩句是"吾家舊貧，

---

① 　元氏，是拓跋魏的姓氏。

不爲父母昆弟所容"，但下面又説他向來不參加勞動，到各地游學，遍歷名都大邑，接觸了許多有名的學者。聯繫起來看，這就有矛盾了，既然"不爲父母昆弟所容"，哪能優哉游哉？豈非怪事？後來找到元刊本的《後漢書》，發現没有"不"字。清朝的阮元還找到一塊古碑，上面是説"吾家舊貧，爲父母昆弟所容"，也没有"不"字。這樣文理就通順了。所以，校勘就是要接近原稿，最好是符合原稿。你要使用書面材料，就得要校勘。這是一道免不了的工序。

唐代有個學者叫陸德明，寫了一部《經典釋文》。他不但對經書作了校勘，而且還注了音。這本《釋文》，對研究古代音義是非常重要的。

到了明代，有一個人叫陸深，著了一本《儼山外集》裏邊記載了一件事情。有位名醫，專用古方，很得病人愛戴。有一次陸深去看這個醫生，醫生正給病人開方子。病人拿著方子走後，醫生又追出去，叫病人不要忘了在藥裏加一塊錫。陸深也稍通醫道，對此有點懷疑，問這位名醫，醫生説是根據古方。陸深回來找別的本子核對，結果發現是要加"餳"。餳，就是現在説的麥芽糖。

漢代以下，歷代都有學者從事校勘。隨著整個學術的發達，規模日益宏大，考辨日益精詳。清代的校勘學，可算是集前代之大成，一些著名學者，如段玉裁、王念孫、俞樾等，在大規模地從事校勘工作的基礎上，慢慢地總結出條例來。這些條例（也就是凡例），能在全書中通過，成爲全書的準繩。這些條例很重要，可以啟發別人，引導別人。如段玉裁的《與諸同志論校書之難》、王念孫的《讀淮南子雜志後序》，都是有精到見解的。王念孫有一本專講校勘的書，叫《讀書雜志》，志就是識。他校各種書，都作了筆記，最後編輯起來，就是《讀書雜志》。俞樾也作了一本書，叫《古書疑義舉例》，共七卷，前四卷講古書中的一些特殊的語法結構，後三卷主要講校勘。

在現代學者中，魯迅校《嵇康集》，聞一多校《楚辭》，陳垣校《元典章》，岑仲勉校《元和姓纂》，也都有突出的成就。值得提出的是，陳垣校《元典章》，又把其中的條例發凡起例，作了《元典章校補釋例》，新中國成立後重印，改名爲《校勘學釋例》，成爲大家都可以利用的條例，爲後人提供了許多方便。

此外，還有一點要提到，我們這個民族是樂觀向上的，人們很會用笑話來糾正社會上的落後、愚昧和不正之風。笑話裏也有校勘學。有一則笑話就嘲笑老師讀錯字。說的是有位老師到一個地方去教書，東家很不放心，預先跟他約定，如果教錯字，就要罰錢，譬如說教錯一個字罰半吊錢。結果這位老師教《論語》，把"季康子"唸成"李麻子"，教"孟子見梁惠王，王曰叟"，把"王曰叟"唸成"王四嫂"，年底結賬，東家說你唸錯了四個字，要扣兩吊錢。這位老師祇好承認。他把錢拿回家交給師娘，師娘一看少兩吊，就問："怎麼少兩吊錢？"這個老師沒法，祇好說："我一吊送給了李麻子，一吊送給了王四嫂。"師娘很生氣地說："你送給李麻子倒還罷了，爲什麼送給王四嫂？！"當然，這個笑話是虛構的，但是，產生這個笑話的社會背景是真實的。"季康"與"李麻","曰叟"與"四嫂",形名相近,因而致誤。所以我們利用史料,常常能從僞造的東西中看到真實的東西。

總而言之,校勘在我國可以説是一個傳統,它源遠流長,歷史悠久,無論是讀書,還是科研,離開它都是不行的。當然,我們不能要求每個人都成爲校勘家,但是關於校勘的知識一點不知道,也是不行的。

第二節　書面材料發生錯誤的情況

書面材料發生錯誤的情況,主要有四種:訛誤、缺脱、衍羡、錯亂。這四種是最基本的情況,實際上要複雜得多。可以同時有幾種錯誤。祇有一種錯誤的,稱之爲單項錯誤;有兩種或兩種以上錯誤的,稱之爲雙重錯誤、多重錯誤。

這裏主要説明的是,我這部分所引用的材料,多半摘自《古書疑義舉例》。同時也補充了一些其他材料。另外,所引材料一般都是單項錯誤,而不是雙重或多重的。

甲、訛誤

這是在傳抄或印刷的過程中最容易發生的。例如我在武漢大學講課,曾説中國歷史上有些人物是虛構的,並説蘇聯有個學者寫文章説耶穌也是虛構的。有個學生記筆記,就把"耶穌"寫成了"野獸",這是因音近而致誤的。

訛誤,最普遍的情況,是原稿本身作甲,卻誤爲乙,如劉向《列子序録》中所提到的某些《列子》抄本,"以盡爲進,以賢爲形",就是。

此外,有本是一字而誤爲兩字的,如《禮記·緇衣》:"信以結之,則民不倍;恭以蒞之,則民有孫心。""孫心"乃"愻"字之誤。《説文》:"愻,順也。"

也有本是二字而誤爲一字的。如《淮南子·説林》:"狂者傷人,莫之怨也;嬰兒詈老,莫之疾也,賊心峀。""峀"字乃是"忘也"二字之誤,"也"誤爲"山",又與"亡"合成了"峀"字。"賊心忘(無)也",即本無害人之心。

也有因重文疊句作"二"而發生訛誤的。如《毛詩·碩鼠》:"逝將去女,適彼樂土;樂土樂土,爰得我所。"據《韓詩外傳》,第三句是疊句,也是"適彼樂土"。因古本重文疊句從省不書的習慣,故將二三兩句合寫成"適=彼=樂=土=",其後,"適彼"兩字下的"="號又脱去,故後人將第三句誤寫爲"樂土樂土"了。值得注意的是,我們現在的疊詞,第二個字往往也寫作"々",例如"欷々"、"喈々"等。俞樾還舉出《詩經》中另外兩篇,可以證明這一點。《中谷有蓷》中"嘅其嘆矣;嘅其嘆矣";《丘中有麻》"彼苗子嗟;彼苗子嗟",都是典型的例子。

還有因缺字作口而發生訛誤的,如《大戴禮·武王踐阼》:"口生垢,戕口。"前句本應作"垢生垢",因上"垢"字缺,傳抄者加上一個空圍——口,以待校補。後人卻誤認爲"口"字,便寫成了"口生哃"。

乙、缺脱

這種情況是，原稿本有某字某句，但在流傳中，卻將它漏掉了，因而使文章殘缺不全。

在這方面，最普通的是脱漏一兩個字。如《漢書·藝文志》稱劉向以中古文本《易經》校施、孟、梁丘諸家的本子，或脱去"無咎"、"悔亡"等字就是。

也有整句脱去的。如《戰國策·楚策》："楚國之食貴於玉，薪貴於桂，謁者難得見如鬼，王難得見如天帝，今令臣食玉炊桂，因鬼見帝。"下文語氣未完。據《藝文類聚》、《太平御覽》諸書所引，知末句之後，還有"其可得乎"一句，今本《國策》卻脱去了。

也有脱簡的。這種情況一般發生在較古的書中。古人以竹簡寫書，以韋穿其兩端，訂成篇册。如斷爛重穿時，沒有細加清理，脱去其中的一簡或數簡，則文義無法銜接。所以《漢書·藝文志》稱劉向以中古文本《尚書》校歐陽、大小夏侯三家的本子，發現《酒誥》脱簡一，《召誥》脱簡二，凡是每簡二十五字的，也就恰恰脱去了二十五字；每簡寫二十二字的，也就恰恰脱去二十二字，後代抄刻之書，也有整葉脱落的，情況略同。例如《文心雕龍》中的《隱秀篇》，至今仍然殘缺。因脱簡所造成的文字缺脱，往往與語法無關。據此，可以分別抄寫和脱簡的錯誤，而在校勘古籍的時候，可以採取不同的方法。

丙、衍羡

這和乙條正相反，按原稿並無某字某句，而後人在流傳時，竄入了原文所無的部分,以致文義不通,或與原意相背。

衍羨的原因,一是起源於注文,一是起源於批語。古書正文用大字,注用小字,疏用雙行小字。大字小字夾在一起,抄寫一不小心,大小字混淆,就發生衍羨。寫本書在天地頭加批語,作筆記。刻書時作正文刻上,也就發生衍羨。所以我們熟悉書籍的物質形態,就容易搞清楚發生衍羨的原因。

個別的衍文,在古書中是習見的。如《周禮·亨人》:"職外内饔之爨亨煮。"這個"煮"字就是衍文。這是由於古代經師在解釋"亨"字,説這就是"烹"字,作烹煮解,學者因記一"煮"字於旁,後來就混入了正文。

也有成句是衍羨的。如《韓非子·難三》:"且夫物衆而智寡,寡不勝衆,智不足以遍知物,故因物以治物;下衆而上寡,寡不勝衆者,言君不足以遍知臣也,故因人以知人。"原文本作:"且夫物衆而智寡,寡不勝衆,故因物以治物;下衆而上寡,寡不勝衆,故因人以知人。"舊注於上面的"寡不勝衆"下,注了一句"言智不足以遍知物也";於下面的"寡不勝衆"下,注了一句"言君不足以遍知臣也"。注文既誤入正文,又於上句脱去"言"、"也"字,正文第二個"寡不勝衆"下又多衍一"者"字,因而就不可讀通了。

也有成段是衍羨的。如《史記·司馬相如傳》後有"楊雄以爲:靡麗之賦,勸百風一,猶馳騁鄭衛之聲,曲終而奏雅,不已虧乎?"諸句。這原是《漢書·司馬相如贊》中的話,有人抄在《史記》上,以便和司馬遷所説的"相如雖多虛辭濫説,然其要歸引之節儉,此與《詩》之風諫何異?"作比較。後人將其誤入正文,不祇是就時代説,楊雄後於司馬遷,《史記》絶不能引楊説;即使就内容上説,上下文的觀點也互相矛盾。

丁、錯亂

這種情況是原稿文字俱存,並無訛誤、缺脱或衍羨,但在流傳時,卻將其先後次序顛倒了,必須加以校正,纔能通順。

有的是字的錯亂。如《論語・季氏》:"不患寡而患不均,不患貧而患不安。""寡"、"貧"兩字錯亂,應當互换。因爲"貧"指財富言,不均就還不如貧;"寡"指户口言,不安就還不如寡。

有的是句子上的錯亂。如《淮南子・俶真》:"勢利不能誘也,辯者不能説也,聲色不能淫也,美者不能濫也,智者不能動也,勇者不能恐也。""聲色"句應在"辯者"句前,因爲"勢利"、"聲色"是一類,而"辯者"、"美者"、"智者"、"勇者",又是一類。所以,句子位置調正之後,不光意思明確,語氣也通暢了。

有的是簡的錯亂,也就是錯簡。這也是由於竹簡的韋帶斷後重穿時發生錯誤而形成的。不過不是脱落,而是顛倒,即將兩簡或兩個以上的簡的原有位置换錯了。如《孟子・盡心》有這樣一節:

何以謂之狂也? 曰:其志嘐嘐然。曰:古之人,古之人。夷考其行而不掩焉者也。

後面又有一節：

> 曰：何如斯可謂之鄉原矣？曰：何以是嘐嘐也？言
> 不顧行，行不顧言，則曰：古之人，古之人，行何爲踽踽涼
> 涼？生斯世也，爲斯世也，善斯可矣。閹然媚於世也者，
> 是鄉原也。

這兩節文義都不連貫，加上原文主語省略了，"曰"字有的省了，有的沒省，讀起來很是費解。細加尋繹，纔知道後節中自"何以是嘐嘐也"至"行何爲踽踽涼涼"乃是錯簡，本應在前節的"其志嘐嘐然。曰"之下，"夷考其行而不掩焉者也"之上。而前節中的"古之人，古之人"六字，乃是斷簡的殘留，校正時應加以刪除。經過一番改正，則前者當作：

> （萬章問）曰："何以謂之狂也？"（孟子答）曰："其志嘐嘐然。"（萬章又問）曰："何以是嘐嘐也？"（孟子又答）曰："言不顧行，行不顧言；則曰：'古之人，古之人，行何爲踽踽涼涼？'夷考其行而不掩焉者也。"

後者當作：

> （萬章問）曰："何如斯可謂之鄉原矣？"（孟子答）曰：

　　"生斯世也，爲斯世也，善斯可矣。閹然媚於世也者，是
　　鄉原也。"

　　經過這麼一改，兩段文字就都了無阻隔了。

　　下面再舉一個解決錯簡的有名的例子。

　　劉永濟先生是國內研究《楚辭》的著名學者，他的《屈賦通箋》在人民文學出版社出版。在《屈賦通箋》後面，還有一篇《箋屈餘義》，包括許多則長長短短的雜記，其中有一則叫《史記屈原列傳發疑》，讀《屈原列傳》，有許多地方搞不通，至少有三條是非常矛盾的。劉老經過深入地研究，發現傳中有兩段文字，剛好都是四百字。他把這兩段顛倒一下讀，三個問題都迎刃而解。因而，劉老寫了《發疑》一文，很受科學、文化界同人的推重。這實際上是竹簡散了，重穿竹簡的人粗心大意，把兩部分竹簡弄顛倒了，纔出現了不可讀通的毛病。劉老的這個發現，是校勘中發現大批錯簡的很有名的例子，而且解決得很好，可以給後人很大啟發。

　　以上舉例説明了書面材料中發生訛誤、缺脱、衍羨、錯亂的情況。如果如例中的多數那樣，訛誤就衹是訛誤，缺脱就衹是缺脱，在進行校改時也還比較容易著手。可是，實際上並不這麼簡單。在校讎過程中，往往會遇到兩種或兩種以上的錯誤同時存在，並且糾纏在一起。如上所舉《韓非子·難三》，"智不足以遍知物"句，原是注文竄入正文，而此句本身首尾又脱去"言"、"也"二字，既有衍羨，又有缺脱。再如上所舉《孟子·盡心》之文，本有錯簡，

移正以後,還要删去原來斷爛殘留的"古之人,古之人"六字,既有錯亂,又有衍羨,對上述情況,俞樾在《古書疑義舉例》中,已經注意到。南京師院徐復教授有一篇文章,叫《校勘學中之二重及多重誤例》。一共舉了十條例子,專門論述了這方面的問題,是十分周密細緻的。總之,遇到這種情況,必須仔細研究,纔能恢復文籍的本來面目。

第三節　書面材料發生錯誤的原因

書面材料之所以發生錯誤,除了一個最普通的、共同的原因——抄寫、印刷或整理材料的粗心大意,没有詳加核對——之外,還有一部分屬於不同情況的特殊原因。在從事校讎工作時,如果對這些原因有所瞭解,就容易找到綫索,解決問題。

甲、發生訛誤的原因,主要有下列幾種:

有由於聲音相近而誤的。如《吕氏春秋·審勢》:"湯武之賢,而猶藉知乎勢。""知"當爲"資","資"當"依靠"講。"知"、"資"因音近而致誤。

有由於形體相近而誤的。如《淮南子·人間篇》:"夫墻之壞也於隙,劍之折必有齧。""也"當作"必",以形近致誤。此參之於義,也甚明白。劍爲什麽會折斷呢? 因爲有缺口;墻爲什麽會崩壞呢? 因爲它有縫隙。

這裹順便講一個常識性的問題,現在人們引用古書,引到《淮南子》,都是講《人間訓》、《俶真訓》,引《逸周書》,都是寫《程典解》,諸如此類。這就是説,很多人把"訓"和"解"當作"篇"來理解,像《莊子》的《天下篇》、《荀子》的《勸學篇》一樣。其實,《淮南子》的這個"訓",是指高誘的注解。《逸周書》的這個"解",是指孔晁的注解。"訓"、"解"是指注解,不是指書本身。古書是一篇一篇的,在篇後加上"訓"字,加上"解"字,是指此篇有人加以解説注釋。再如《春秋公羊傳》上寫著"何休學",有的人不瞭解,還以爲漢朝有一個叫何休學的人。其實,"學"也是指注解。《經典釋文》:"學者,言爲此經之學,即注述之意。"稱爲"何休學",意思是何休進行了研究。這些雖然都是小事,卻也不能粗心大意。

最近,我校《文選·洛神賦》,這篇文章的序言説:"黄初三年,余朝京師……"可是查對《三國志·魏書·文帝紀》、《陳思王傳》和曹植的另外一些詩,曹植去見他哥哥(曹丕),都寫的是黄初四年,不是黄初三年。於是有人解釋説,曹植在黄初三年是去過京師一次。但有失於記載。這説不過去,因爲曹魏對宗室控制甚嚴。曹植雖然封陳王,但毫無權力,實際上處在半拘留狀態,各王之間不得通問,去京師談何容易! 不可能兩年去京師兩次。其實,黄初三年的"三"字,應當是"四"字之誤。爲什麽會出現這樣的錯誤呢? 因爲篆文的"四"寫作"三",缺一橫即是三字,把"四"字寫成"三"字,見於商承祚先生的《石刻篆文編》。同時,我還找到一個距離曹植不太遠的證據,孫皓時代的《禪國山碑》上,"四表"就寫作"三表"。這都是因形近而誤的例子。

有由於字形壞缺而誤的。如劉向《戰國策序録》所説："本字多誤爲半字,以'趙'爲'肖',以'齊'爲'立'。"

有由於字形難識而誤的。如《墨子·經上》："恕,明也。""恕",即是"智",舊本多誤爲"恕",蓋因不識"恕"字而致誤。

有由於牽涉注文而誤的。如《韓非子·外儲説左》："吾父獨冬不失褲。"舊注："刖足者不衣褲,雖終其冬夏,無所損失也。"據注,知正文原作"吾父獨終不失褲"。故注釋爲："終其冬夏,無所損失。"今本是牽涉注文中的"冬"字,而誤"終"爲"冬"的。

有由於牽涉諱字而誤的。如《管子·霸言》："故貴爲天子,富有天下,而伐不謂貪者,其大計存也。"原文本作"世不謂貪",唐人避太宗李世民諱,改"世"爲"代",傳寫中又誤"代"爲"伐"。

説到諱字,有必要介紹一下中國特有的一門學問——避諱學。從周朝以來,最高統治者爲了使自己在臣民中神化,規定不能講他的名字。有些讀書人就連類而及,對父母的名字也不講,這就是避諱。開始,避諱還比較簡單,比較鬆。一般是生前不避死後避。《禮記》上也有些規矩,叫做"臨文不諱,二名不遍諱"。雙名衹要避一個字就行了。例如孔子的母親名徵在,孔子就言"在"不言"徵",言"徵"不言"在"。後來,隨著專制制度的加强,避諱越來越嚴謹,因而逐漸發展形成一門輔助性的科學——避諱學。

避諱的表達方式有兩種,一是口頭的,一是文字的。口頭的現已無從查考,講避諱主要指文字記錄。避諱使用的範圍,主要是"國諱",避皇帝的名字;其次是"家諱",避自己的祖父和父親的名字。如六朝時候很重禮學,同朋友談話,是不能接觸對方上輩的名字的。有的人一天接待幾十個賓客,可以做到不觸及每個人的上輩的名字。有些名人的家諱也要注意。司馬光的父親叫司馬池,如果別人的名字與他父親的名字字音相同,也就換一個字稱呼。他有一個朋友叫"韓持國","持"與"池"同音,他就喊這位朋友爲"韓秉國"。這叫做諱兼名。在"三蘇"(蘇洵、蘇軾、蘇轍)的文集中,有爲別人寫的序,所有的"序"字都寫成"敘",還有一種寫成"引"。因爲蘇東坡的祖父叫蘇序。金代的元好問,一輩子佩服蘇東坡。崇拜,崇拜到了極點,因此他寫的序,也叫做"引"。

《禮記》上雖然寫了"臨文不諱"幾個字,但到後來,臨文也是避諱的。臨文避諱,主要有下列幾種形式:

1. 把避諱的字改成一個"同"字,意思是此字與避諱的字相同

因爲司馬遷的父親名談,所以《史記》中的張孟談被改稱張孟同,趙談被改稱趙同。不過,這是一種比較特殊的例子,後世沒有採用。

2. 把避諱的字改成同義字

如晉朝的司馬師死後被追贈爲皇帝,晉人就把"京師"改爲"京邑",而且一直沿用到東晉、南朝。謝朓那首著名的詩,"晚登三山,還望京邑",京邑就是指京師。司馬師的弟弟司馬昭做了皇帝,於是也要避"昭"字。三國時曾經給《國語》作過注解的韋昭,《三國志·吳書》中就被改作"韋曜"。《三國志》的作者陳壽是晉朝人,不敢犯皇帝的諱。避諱也有偶爾避到貴族婦女的情況。如《隋書·經籍志》中所載晉人著作,凡以"春秋"爲名的,一律都作"陽秋"。因爲晉簡文帝的太后名"春"。

3. 不稱名,改稱字

如唐高祖李淵的祖父叫李虎,五胡十六國中,有一個羯族君長叫石虎,字季龍。唐人修晉書,一概把石虎稱爲石季龍。

4. 用同音字代替避諱的字

如爲避孔丘的諱,改商丘縣作商邱縣。"三蘇"的改"序"作"敍",就屬這一類。再如《蕙風詞話》的作者清末詞人況周儀。宣統皇帝當政後,他把"儀"改爲"頤"。因此,1909 年以前發表的著作署名況周儀,1909 年以後的著作就署名況周頤。

5. 因爲避諱,改變事物的名稱

雉是一種長著花羽毛的飛禽。漢朝呂后名雉,爲了避呂后的諱,把雉改稱爲"野雞"。據陸游《老學庵筆記》載,有一個地方長官叫田登,某年元宵節,部下請示點燈事宜,因爲"燈"與"登"同音。爲了避諱,這位官老爺出了告示:"本州依例放火三日。"把"點燈"改爲"放火"。因此,"祇許州官放火,不許百姓點燈"的説法便流傳下來了。下面還要舉"蜂糖"、"山藥"的例子,這裏就不贅述了。

6. 空字

這有兩種方法,一是像《宋書》(沈約修)稱劉裕爲"劉諱"那樣,這個"諱"字就等於空字。一是打個"□",稱劉裕爲劉□。這在版本學上有一個專門術語,叫"空圍"。如果把"□"全塗上黑色,就叫做"墨丁"。

7. 缺筆

如孔丘的"丘"寫成"丘",宣統皇帝溥儀的"儀"寫成"儀"。字取消一筆後,讀作"某"。在舊社會讀《論語》,凡遇到"孔丘"字樣,都唸著"孔某",否則便是不敬,要挨板子。

避諱,作爲一種歷史現象,融合在文化史中,有其弊,也有其利。避諱的主要壞處是改了古書,竄亂了文籍。但我們掌握了避諱規律,也可以使"避諱學"爲我們的研究服務,簡要地説:避諱學有如下作用:

1. 利用避諱學,可以考定文字記録的年代

如唐玄宗李隆基時的寫本,就避"隆"字,避"基"字。宋孝宗趙昚時的抄本、刻本避"昚"字,甚至連"昚"的同音字"慎"也避。這種避"昚"的抄本、刻本,退一步講,至少不會在宋孝宗以前,這些文字上的改動,爲我們提供了鮮明的標志。根據這種標志,可以比較準確地考訂書籍的年代,或者金石刻文的年代。

2. 利用避諱學,可以斷定文字是否有錯誤

元人修的《宋史·仁宗紀》中有一條記載:"景祐二年,置邇英、延義二閣。"《宋史·地理志》中也記載了這件事,但"義"作"羲"。究竟是"延義閣"呢?還是"延羲閣"? 没有實物和旁證可資借鑒。但是,根據避諱學,可以肯定,"羲"字對,"義"字錯。這

是什麽道理呢？因爲宋太宗的名字叫趙光義,同仁宗相隔年代近,没有超出五代,不可能是"延義閣"。

3.利用避諱學,可以判斷一部著作的真僞

有一本書叫《中説》,相傳是隋朝王通寫的。據説這個王通自稱文中子,很了不起。唐朝初年有名的宰相、大臣都是他的學生。有人懷疑文中子和《中説》是假的。隋文帝楊堅的父親名忠,因避"忠"字,有一本史書《忠義傳》,在《隋書》裏被改作《誠節傳》。唐朝初年修《隋書》,沿襲和尊重隋朝的體制。因此,不可能有一個隋朝人叫王通,自號文中子,又寫了一本《中説》,並且書中也不避"忠"字。隋煬帝名廣,書中也不避"廣"字,可以斷定,《中説》是後人的僞作,文中子也純屬子虚烏有。

4.利用避諱學,可以斷定文籍的年代

錢大昕《潛研堂文集》卷二八有一條材料:

> 《大金集禮》四十卷,不知纂輯年月,要必成於大定之世,故於雍字稱御名,而不及明昌以後事,獨補闕文一葉,有明昌、承安、泰和及世宗廟號,蓋後人取他書攙入,非《集禮》原文也。

按大定,是金世宗的年號(1661年—1189年),因爲金世宗叫完顏雍,所以《大金集禮》就把"雍"寫成"御名"。明昌、承安、泰和是金章宗年號,也是全國國勢最盛的時候。皇帝死後纔稱廟號,所以

"補闕文一葉"是假的。由此斷定,《大金集禮》祇能成於金世宗大定年間,而不能成於金章宗時代。

再如,王仁煦《刊謬補缺切韻》在"顯"字下注:"今上諱。"按唐中宗名"顯",據"今上諱"三字,即可判定王本《切韻》成書於中宗時代。當然,中宗在位七年,要定準哪一年成書,還要再作考證。

5.通過避諱學,可以看到所保存的古音古義

古漢語的音和義是隨著時代不斷地變化的。《舊唐書·蕭復傳》説:"以復爲統軍長史,復父名衡,特詔避之。"本爲"行軍長史",可見當時"行"與"衡"音同。研究音韻學,可以找出一些痕跡來。

總起來説,避諱學是研究中國古代文學、史學、哲學必備的常識,值得花點時間學習一下。我國史學界老前輩陳垣先生曾經寫過一本《史諱舉例》,很詳備,可以作爲參考。

但是避諱學的作用,是就大體而言的,也不能絕對化,還有幾種情況需要注意:

一是有些諱字後人又回改了。比如唐人避的諱,宋人不避,宋人便把唐人的避諱改過來。這種情況往往使人模糊。但是怎樣可以看出回改呢?因爲回改者不是一個字一個字都查遍,往往是回改不盡,如唐人諱"世"爲"代",諱"民"爲"人",後人常常是有的地方改了,有的地方沒有改,遇到這種情況,還是可以查出年代的。

　　二是有些避諱形成了習慣,遺留下來了。直到本世紀三十年代,揚州人還稱蜂蜜爲蜂糖。爲什麽不叫蜂蜜? 這是在避五代時佔據揚州的地方長官楊行密的諱。楊是十世紀的人,現在是二十世紀。這種習慣延續了一千年。又如,山藥本名叫薯(現在有的地方還叫紅薯),後來纔改稱"山藥",這是在避宋英宗趙曙的諱。這種習慣也沿續了八百年了。再如把"雉"叫做"野雞",則是更早的事了。遇到這種情況,準確斷定年代,就很困難了。

　　三是避諱史上有個規矩,叫"五世不避"。在一朝皇帝的第六代孫後,對最早的皇帝可以不避諱。這一來就又造成了某些混亂,增加了我們判定的困難。比如看敦煌卷子,上邊不避唐高宗李治的諱,因而我們可以斷定,卷子不是寫在初唐,而是晚唐。斷定一條史料的年代是非常嚴密的,又是非常重要的。遇到這種情形,還是要多找證據,搞得更牢靠一些,不能衹靠避諱學。

　　上面是説因諱字而使書面材料發生錯誤,並連而講了避諱學的一些情況。此外,書面材料發生錯誤,還有一條原因,就是由於政治壓迫而故意改動的。如清人刻明代的書籍,凡"夷"、"胡"、"虜"等字,都改用其他字代替,或作空圍——□,以免觸犯滿州貴族。將許多書的《四庫全書》本與明刊本對校,將顧炎武的《日知録》的舊抄本與通行刻本對校,都可以發現這種情況。顧炎武的例子很能説明問題。顧氏是南方人,很有民族氣節,經常四出游歷、串聯,想組織力量進行反清鬥争。他每隔幾年就要去拜訪明孝陵,做的詩都很沉痛。但是後來清政府出版他的著作時,竟然毫無反滿情緒。章太炎先生對此很奇怪,認爲這與顧氏的人格不相稱。後來在三十年代,發現了顧氏著作的舊抄本。黃季剛先生做了詳細的校對,纔知道不僅改動的地方很多,有的整條整條地被抽掉了。可見,運用校勘學,不僅能恢復文集的本來面目,而且能使我們正確地瞭解,認識一個人。

乙、發生缺脱的原因,主要有以下幾種:

有由於簡册壞爛或傳寫脱落的。如《韓非子·初見秦》:"以亂攻治者亡,以邪改正者亡,以逆攻順者亡。"乾道本脱去末句,就與上文的"三亡"不相應。

有由於兩句相連中有重字而誤脱的。如《列子·仲尼》:"孤犢未嘗有母,非孤犢也。""有母"之下,應重"有母"二字,今本無,是由於兩句相連而誤脱其重字的。

有由於不明字義而誤删的。如《淮南子·道應》:"敖幼而好游,至長不渝解。""渝解",猶言懈怠。後人不明古義,以爲難解,就在傳寫時删去解字。

有由於兩文疑複而誤删的。如《周書·酆保》:"不深不重乃權不重。"後人因兩句都有"不重",就誤删其一。作"不深乃權不重"。殊不知上句"重"乃重複之重。下句"重"乃輕重之重。字雖同而義各異。這兩句是承上文"深念之哉,重惟之哉"來的,是説不深念重惟,則人君之權不重。

有由於政治壓迫,故意删除的。清朝時有民族意識的著作(顧炎武的作品就是一例),不祇是改字,而且整句、整段地删除。國民黨反動派對於魯迅的雜文，也曾經採用過這種卑鄙手段(魯迅雜文幾經國民黨反動派删改後在報刊上發表的，後來他編成集子時，都將删去部分補上，並用黑點在旁邊標出，一覽可知)。

丙、發生衍義的原因，主要有下列幾種：

有由於兩字意義相同而衍的。如《老子》第六十八章：“是謂配天古之極。”“天”字爲衍文。《尚書·堯典》鄭注：“古，天也。”此因二字義同而誤衍。

有由於兩字形體相似而衍的。如《管子·事語》：“役壞狹而欲舉與大國爭者。”“舉”字系衍文，因和“與”字形似而誤衍。

有由於兩字相連誤疊而衍的。如《國語·晉語》：“夫利君之富，富以聚黨，利黨以危君。”“富”字不當疊，原文上句祇當作“利君之富以聚黨”。

有由於牽涉上下文而衍的。如《墨子·尚同下》：“故又使國君選其國之義，以義尚同於天子。”下“義”字乃牽涉上“義”字而衍。

有由於牽涉注文而衍的。如《禮記·檀弓》：“望反諸幽，求鬼神之道也。”“反”字不可通，是牽涉上面的注文“庶幾其精氣之反”的“反”字而誤衍的。

有由於旁記之字闌入正文而衍的。如《史記·曆書》：“端旃蒙，年名也。”“端蒙”就是“旃蒙”，後人在“端”旁記一“旃”字，傳寫者就將它也抄入了正文。

丁、發生錯亂的原因,主要的有下列幾種:

有由於兩字平列而顛倒的。如《禮記・月令》:"制有小大,度有長短,衣服有量,必循其故,冠帶有常。""長"字與"短"字平列,本應作"短長",纔和"小大"相當,纔與下"常"字協韻,抄寫時以爲無傷文義而誤倒。

有由於兩句平列而字顛倒的。如《禮記・明堂位》:"夏后氏之四璉,殷之六瑚。""瑚"是夏之祭器,"璉"乃殷之祭器,因兩句平列,傳寫時就將它們誤倒了。

有由於數句平列而句顛倒的。如《老子》第二十一章:"道之爲物,惟恍惟惚。惚兮恍兮,其中有象;恍兮惚兮,其中有物。""恍兮惚兮"二句,當在"惚兮恍兮"二句之前,因爲"其中有物"句是和"惟恍惟惚"句協韻的,而"惚兮恍兮,其中有象"二句則另行轉韻。

有由於簡册斷爛而錯亂的。如《法言・學行》:"吾不睹參辰之相比也,是以君子貴遷善。遷善者,聖人之徒也。百川學海而至於海,丘陵學山而不至於山,是故惡乎畫也。頻頻之黨,甚於鷤斯,亦賊夫糧食而已矣。"這幾句文義很費解,當是簡册錯亂所致。如以"頻頻之黨"三句,與"是以君子貴遷善"三句互換位置,就完全可以説得通了。

第四節　校勘的資料

校勘的目的既然是糾正書面材料中文字上(有時也包括行款格式,但那是次要的)的各種錯誤,使之恢復或接近本來面目。那就必須掌握一批可以互相比勘的資料,否則,工作就無法進行。

在這方面,首先要選擇一個和其他一切資料進行比勘的底本,選擇底本,一般有兩個標準,一是錯誤較少的,二是流傳較廣的。最好是兩者兼而有之(當然完全符合這個標準是不容易的)。因爲如果錯誤太多,一般不該錯的地方也錯了,那就説明它的質量太低,難以用來作爲和其他資料對校的基礎;如果流傳太少,屬於罕見的珍本,則在此本大量印行以前,多數人不一定能夠得到。在利用校讎成果的時候,不免要多經一番周折,甚至要用另外的通行本將校勘記録(校勘記)重新過録一遍。所以校勘工作的基本資料——底本,以能選用錯誤少而流傳廣的底本爲好。

底本以外的資料,則大致可分爲三類。

1. **本書的異本**

這包括作者的手稿和歷代流傳的抄本、刻本等等。其中自然以作者的手稿的價值最高。但對於較古的文獻來説,這種資料是極爲罕見的。如近年來發現的蒲松齡《聊齋志異》手稿,雖然祇有半部,仍舊是校勘《志異》諸刻本最原始的最珍貴的資料。

其次要數古抄本。由於早在唐代,我國勞動人民已經天才地發明了印刷術,它迅速地替代了用抄寫來傳播書面材料的老辦法,所以現在保存的古抄本並不太多。敦煌千佛洞發現了唐寫本兩萬多卷,乃是一次空前的收穫,對校勘工作起了非常大的作用。《紅樓夢》的各種抄本(主要是脂硯齋本),對於校勘這部古典小說來說,也是非常重要的資料。

總的來說,手稿和抄本都是不多的,所以從事校勘,主要的還得依靠各種不同的刻本。刻本以時代較早的,出自學者主持,校對精審不苟的爲好。這是校書最普通的也是最基本的資料。如魯迅校《嵇康集》,是以吳寬叢書堂影宋抄本作底本的。這是一個經過名手校對的古本,而用以和這個古本比勘的,則首先爲黃省曾、汪士賢、程榮、張溥、張燮五家刻本,然後再及其他資料。因此,魯迅校《嵇康集》,是卓有成效的。

除了僅載本文的底本外,有許多古書是有一種乃至多種注本的。其中少數是手稿和抄本,多數還是刻本。這類注本也是很重要的資料,它可以用來作底本,也可以用來作比勘的異本。注本對校勘的特殊作用是可以根據注文中的訓詁及解說來推斷並改正正文中的某些錯誤。另外,古書常有的正文、注文發生錯亂的情形,也可以依據另一注本來糾正。如聞一多的《楚辭校補》,是用流傳最廣的洪興祖《楚辭補注》作底本的,其用來和底本對勘的注本,則有敦煌抄本《楚辭音》,六種不同刻本的《楚辭章句》,覆元刻本《楚辭集注》及知不足齋叢書本《離騷集傳》等四部書九種本子。

選本是選錄群書而自成一書的,因此,對於那些曾經入選的書來説,也是一種有價值的校勘資料,應當算是異本的一種。如《群書治要》選録了先秦諸子,就可以用來校那些子書。蕭統的《文選》,選録了《楚辭》、《史記》、《漢書》中的一些篇章,也可以用來互相校對。選本中文字與原書不同,或者是選家所改,或者是選家當時特別有根據,和今傳通行本不同,經過彼此互校,往往可以使得某些文獻更接近本來面目。

2.曾經引用過本書的古類書、注解

這是僅次於各種異本的重要校勘資料。

類書原來是蒐羅群籍,分類或按照字順編排,以便人們在寫作及研究時查考成語、故事的。其中多係節録各書原文,有時甚至將整部書籍完全收入,而較古的類書如《北堂書鈔》、《藝文類聚》、《太平御覽》、《册府元龜》等,還是在書籍刻本大量流行以前編成的,其所收材料大體上是直接從古抄本轉録,因而在文字上更其接近各書的本來面目,可以用來校勘原書。

關於類書,最早的是魏代的《皇覽》,現在已經不存了。最初編類書,就是爲皇帝提供閲讀方便。六朝時出現了不少類書,在《隋書・經籍志》中可以看到目録。但是現在除了在敦煌卷子中發現了一種殘本外,其餘的都亡佚了。就是這種殘本,究竟是《華林編略》,還是《修文殿御覽》,學者們還有争論。現在所能看到的類書是唐朝的。初唐的《北堂書鈔》、《藝文類聚》、《初學記》,都比較重要。宋朝有《太平御覽》和《册府元龜》。明清兩朝也有比較大的類書,如明《永樂大典》,清《圖書集成》等。《永樂大典》是明成祖時修的,這個書的命運很不好,修好之後,因爲篇幅太大,沒有力量刻,所以祇有抄本。在清乾隆時修《四庫全書》時,曾經利用《永樂大典》的材料,就是有許多書沒有刻本,祇有抄本。就從《永樂大典》中把它們搜集出來,一共有好幾百種,《東觀漢記》就是其中的一種。我們平常講"九經三史",所謂"三史"一般人認爲是《史記》、《漢書》、《後漢書》。其實這是不對的,古人所説的"三史",是指《史記》、《漢書》、《東觀漢記》。《東觀漢記》是漢人的作品,是一部比較著名的歷史著作,比六朝的范曄作《後漢書》早多了。現在所能看到的《東觀漢記》,就是《四庫全書》從《永樂大典》中輯出來的。由於《永樂大典》藏在皇宮裏面,所以一般人是看不到的。清末,經八國聯軍的焚燒、搶劫之後,這部書完全没有了。一些被帝國主義軍隊帶到歐洲,當成古董出賣。歐洲大陸和俄國都有一些。新中國成立之後,黨很重視搶救這些東西,在外國的都照了相回來;在國内的,也通過捐獻而集中起來,並把這些保存的殘本影印了出來。最近,又通過各種途徑補收了一些,中華書局將要印行。清代的學者,凡是乾隆以後的,都沒有機會看到這些材料,而我們現在就可以利用這些材料了。清朝的《圖書集成》,規模也比較大,但是它出世得太晚了,凡是收到《圖書集成》裏的材料,基本上原本都在,所以我們從校勘學的角度看,它的價值不大高了。我們所以重視古代的類書,是因爲它所引用的那些書,現在都找不到了。如果基本上找得到,内容又完全一樣,那它的價值就比較小。我們曾説,有的類書把整部的書都收進去,這個類書就是《永樂大典》。

　　某些古書的注本，由於注者知識豐富，方法嚴謹，在作注時往往博引群書原文，以求作者記事、用典、措辭所本。這些原文，對於校勘其注中所引用過的各書來說，也很有用。如劉孝標《世說新語注》、裴松之《三國志注》、酈道元《水經注》、李善《文選注》，所搜羅的材料都相當多。校勘唐以前的古書的學者，很少有不利用這些資料的。

　　關於古書的注解，這裏要解釋一下。這個注解，不是指本書的注解。比如李善的《文選注》，而是指其他的古書的注子，引用了你所要校勘的書。有許多古書很重要，但後人讀不懂，所以要作注。做注有兩種方法：一種是利用原始材料作注，比如說有個字出於《爾雅》，作注時就說：《爾雅·釋某》：某，某也。一種是通俗的用起來比較方便的辦法，就是用自己的語言把《爾雅》的意思寫下來。後一種方法是現在常用的。但是，古人凡是比較有價值的注解都是用第一種方法，就是用原始的材料來說明要注的東西，某句話的出處，用的什麼典故，都要注明。由於作注者博覽群書，所以保存的原始資料非常多。這對校勘古籍很有用。

　　再者，六朝人作注，比如劉孝標的《世說新語注》、裴松之的《三國志注》、酈道元的《水經注》，其注解的方法都是用佛經裏面的"合本子注"。在佛教流行時，一部比較重要的經不止一個本子。因為是從梵文翻譯過來的，可能有三個或四個譯本。和尚研究佛經帶有一種宗教情緒，非常虔誠。在抄寫經書時，總是以一種本子為母本，幾種其他的本子為子本。然後"以子從母"，把子本上的文字逐句地附在母本的文字之後，這樣，表面上是一本書，實際上就是幾本書。裴松之注《三國志》，就採用這種辦法。當時除《三國志》外，還有其他大量的史料。他就把各書中的有關材料，"以子從母"，一條一條地全部録入母本，開創了注書的新體例。《水經》的原文很簡單，原作者也不能準確考定，酈道元的注都比較詳細，而且描寫山水風景非常生動，是柳宗元山水記的先驅，而李善的《文選》注就不是這樣，是另一個體系的，著重於訓詁，所以前人説李注是"釋事而忘義"。

這些古書的注解可以用作校勘的資料。比如《説文》："岫，山穴也。"段玉裁發現李善《文選》注中作："岫，山有穴也。""山穴"是指山洞，而"山有穴"是指有洞的山，兩者的意思是不一樣的。段玉裁就根據李善注校定今本《説文》脱了一個"有"字。又如李善《文選》注中引了繁欽《定情詩》中的兩句："何以消滯憂，足下雙遠游。"然而今本繁詩中没有這兩句，我們就找一個妥當的地方把這兩句補了進去。又如《史記》把老莊申韓寫在一個列傳中，太史公認爲"刑名原於道德"，這話是很有道理的。《韓非子》中有《解老》、《喻老》兩篇，不僅解釋了老子的學説，而且引用了《老子》的文字，所以《解老》、《喻老》兩篇可以作爲校勘《老子》的根據。又如孟子是孔子學派的繼承人，《孟子》中引用孔子的話，《論語》中往往有記載。所以在校勘《論語》時，《孟子》也可以用作參考。

校勘古籍，搜集材料盡可能詳備，這樣纔能校得準確，恢復或接近文籍的本來面目。聞一多作《楚辭校補》，除了用各種異本、選本對勘外，還廣泛地搜集了各種古類書、注解中的資料。類書，自隋杜臺卿《玉燭寶典》以下,注解自晉郭璞《爾雅注》、《山海經注》以下,達數十種之多。但是,他没有看到南宋末年的端平本。魯迅校《嵇康集》,也是廣博地參證各種資料的。

但是,引用類書、注解作校勘資料,需要特別慎重。古人編輯類書時,常常根據内容的需要及篇幅的限制,對所引用的書有所删節,而撰寫注釋,除了爲節省篇幅對引書加以删節外,還不免爲遷就所注正文,將引來作注的古書,在個別地方加以改動。所以,校勘時對這些材料不能完全信賴。另外,類書和注解本也會存在由於傳寫而發生的錯誤,這也是應當注意到的。

3. 其他

這一類資料包括的範圍是很廣泛的。習見的則爲後代學者所著性質相同或相近的書,甲骨、金、石文字,諸家雜記等。如顧野王的《玉篇》,曾參考《説文》古本,所以可用《玉篇》校《説文》。元代王禎的《農書》,曾依據魏賈思勰的《齊民要術》,所以可用《農書》校《齊民要術》。

有一個很突出的例子,就是郭沫若校《大學》。《大學》是《禮記》中的一篇,其中引了《湯之盤銘》:"苟日新,日日新,又日新。"郭氏讀書很敏鋭,他覺得這種哲理性的銘文不可能在商朝出現,因爲那時鑄在銅器上的銘文,主要是表示所有權的。即"什麽東西是屬於我的"之類的話。後來,他根據古銅器"商句兵"銘文,考定"苟日新,日日新,又日新"乃是"兄日辛,祖日辛,父日辛"之誤,從而糾正了漢儒的附會。這確是一個非常深入的觀察,是以金文校勘古籍的光輝範例。

郭氏文章發表在《燕京學報》上，題目是《湯盤孔鼎之揚榷》。今將原文和圖片附於后，以資參考。

不過這一類資料和原書的關係往往是間接的，甚至是比較疏遠的，援引時必須更加審慎，纔能避免主觀武斷的弊病。

從以上所講的可以看出，校勘需要許多其他的知識，但最重要的還是與校勘緊密地連在一起的兩種知識，一是目録學，一是版本學。如果沒有目録學知識，就找不到有用的材料。因爲你不知道有哪些書。如果沒有版本學知識，就是找到了很多書，也選不出好的版本來。所以對中國的校讎學來説，由版本到校勘，由校勘到目録，三者相互爲用，是一個整體。

附：《湯盤孔鼎之揚榷》（節録）：

近年保定出古戈三（舊稱商句兵），器藏上虞羅振玉氏《夢郼草堂吉金圖録》與《周金文存》均有著録，今據拓本圖象揭之如下：

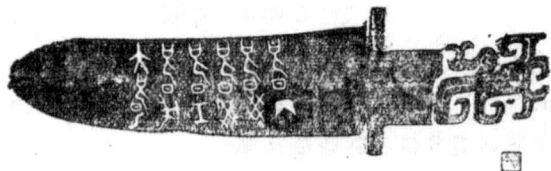

大兄	兄	兄	兄	兄
日乙	日戊	日壬	日癸	日丙

太　祖　祖　祖　祖　祖　祖
祖
日　日　日　日　日　日
己　丁　乙　庚　丁　己

祖　大　大　仲　父　父　父
父　父　父
日　日　日　日　日　日　日
乙　癸　癸　癸　癸　辛　己

　　此三戈列銘兄祖父之名,雖名各分列,然如第三器則祖父並列,似此,則兄祖父之名同列於一器自所應有。此"湯之盤銘"余謂即其一例也。依戈銘文例書之當如圖。

　　銘蓋左行,先父次祖次兄,讀者依後人慣例右行讀之,故成今次。銘之上端當略有殘泐,形如圖中曲綫所界,故又誤兄爲苟,誤且爲日,誤父爲又,求之不得其解遂附會其意,讀辛爲新,故成爲今之"苟日新,日日新,又日新"也。

　　父字缺上與又字形近,且字(古文祖)缺上與日字形

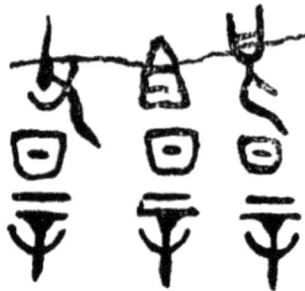

近，均可無説。兄字誤苟，亦因形近而然。金文苟字僅一見。《師虎𣪘》之"苟夙夕勿灋（廢）朕命"是也。字作𦥑，用爲敬。敬字所見頗多，所從苟字大抵同此。如《師㝨𣪘》之𢼸，《㝬兒鐘》之𢼸，即其例。更有省作芍者，如《盂鼎》之"紹㷔芍雝"，又"若芍乃正"。《大保𣪘》之"克芍亡遣"是也。鼎文作𠁣，𣪘文作𣥐。余謂此乃狗之象形文，即狗若苟之初字（《左傳》襄十五年"鄭人奪堵狗之妻"，《釋文》"狗本作苟"）。苟狗字均後起，苟乃從芍口聲，《説文》謂"從艸句聲"者乃沿訛字以爲説。"狗從犬句聲"則又沿苟字訛形所別構。芍苟用爲敬者乃孳乳之例。敬者警也。自古用狗以警夜，故即以狗形以爲敬。知此，並觀《盂鼎》與《大保𣪘》芍字，於苟字誤兄之由可以恍悟矣。（見《燕京學報》第九期第 1733 頁至第 1735 頁）

第五節 校勘的方法：對校和理校

有了資料，就可以按照一定的方法進行校勘。陳垣先生把校法分爲四類：對校、本校、他校、理校。

所謂對校，就是一本書，用各種不同的版本校。例如校一部杜詩，用杜詩的各種本子來校，宋本、元本、明本，一直到近人的本子。本校就是以本書校本書，就是用一部書的上下文相校，前後文相校。上下文相校的前提是：一個作家的思路、用語習慣有規律，所以可上下對比，找出一些彼此互相校對的材料。他校，就是利用類書、注解和甲骨文等材料進行校對。其實，這三種校法，都是拿某種材料和某種材料校對，是一回事，所以我把它們合併起來，祇叫做對校。所謂理校，就是推理的校勘。通俗的説就是"猜想"。沒有版本學上的依據，祇是出於理性的推測。

下面分別講對校和理校。

對校，或稱爲底本的校勘，乃是校勘工作的基本方法。這個方法是先擇定一個合用的底本，再用異本逐頁逐行逐句逐字和它對校。先記録其同異，再判斷其是非，這種方法的長處是一起發現的和改正的錯誤，都是有其他版本作爲直接根據的。這就在很大程度上避免了主觀武斷，妄改舊文的弊病。而且，校者將所有的異文匯集一處，編爲校勘記，則讀者手此一編，就等於掌握了許多版本。如阮元著的《十三經注疏校勘記》，就具備上述的長處。

對校的長處還可以從另外一些方面看出來。如有些文字，看上去並沒有什麼問題，祇有用它本對校，纔能發現刪改錯亂等情況。例如《聊齋志異・仇大娘》："時有巨盜，事發遠竄，乃誣禄寄資，禄依令徙口外。"這段文字很通順，似乎毫無疑問，但用手稿對校，纔知道本作"魏又見絶，嫉妒益深，恨無瑕之可蹈，乃引旗下逃人誣禄寄資。國初立法最嚴，禄依令徙口外。"今傳刻本的文字是因爲怕觸犯滿族統治者而竄改了的。

也有明明知道有問題，但非用他本對校，就無從知道是怎樣一種情況的。如《嵇康集・難宅無吉凶攝生論》："占成居而知吉凶，此爲宅自有善惡，而居者從之"，突然接以"則當吉之人，受災於凶宅；妖逆無道，獲福於吉居"。文氣總覺不甚銜接，魯迅用叢書堂抄本對校，纔知道中間脱落了"故占者觀表，而得内也。苟宅能制人使從之"等十七字。如果没有這個抄本，讀者雖然發現了問題，卻無從解決。

還有牽涉一些問題，故意把書中一部分取消了。這也祇有對校，纔能發現問題。如林琴南翻譯《迦茵小傳》，本有上下集，因下集關涉男女關係，林氏認爲不符合中國的倫理，便説祇找到一個上册，下册找不到了。後來錢鍾書先生把這個問題指了出來。

總之，凡是書面材料中有關脱落、錯亂以及不經見的人名、地名、古字、俗字等特殊情況，雖根據旁證與推斷，也可以解决部分問題，但總不如看到善本，據以校正那樣落實。上次舉了王昌齡的詩："但使龍城飛將在，不教胡馬度陰山。"所有的本子都作"龍城”，但閻若璩根據地理，説不是“龍城”，而是“盧城”。因爲李廣是右北平太守，右北平又稱“盧龍”，“盧龍”兩字連在一起，所以後來又弄成了“龍城”。而“龍城”在當時是另外一個地方，是匈奴人祭天的地方，李廣怎麽可能跑到那裏去呢？唐朝人對這一點是瞭解的，不可能稱李廣爲“龍城飛將”，祇能稱爲“盧城飛將”。這是一個推理的校勘。有理，但無據。也就是“事出有因，查無實據”。後來找到一個宋刻本的《百家詩選》，裏面就作“盧城”，這就落實了。《百家詩選》是王安石選編的，從前很少，直到清朝宋犖纔找到一個宋本，翻刻出來，所以像這種情況，就需要異本對校，纔能最後定案。所以廣收異本，進行對校，擇善而從，那是校勘最基本的方法。

理校，或稱爲推理的校勘，乃是校勘工作的補充方法。當我們發現了書面材料中的確存在著錯誤，可是又没有足夠的資料可供比勘時，就不得不退而求其次，採用推理的方法加以改正。它雖然不像對校法那樣可靠，卻也不能因此拒絶使用它。使這個方法，主要是從文字、事實與義理三個方面來著手的。

在文字方面，可以根據字形、字音相近的情況來推斷錯誤，進行改正。這種情況比較簡單，在上面分析致誤的原因時，已經舉有例證。此外，也可以根據語法結構——辭例來推斷。如《詩經·漢廣》：“南有喬木，不可休息。漢有游女，不可求思。”按照句法，一二句和三四句是一樣的，“休”和“求”押韻，“思”字是個語辭。而“息”字具有實際意義，在語法結構上不對等，所以後人校勘,説"休息"乃"休思"之誤。本詩第二章也可以證明這一點。第二章是:"漢之廣矣,不可泳思;江之永矣,不可方思。"現在雖然找不到"休息"和"休思"的實證,但根據辭義、韻脚、句法結構來推測,這是可靠的。

也可以根據押韻的形式來推斷。如《楚辭・離騷》:"曰黄昏以爲期兮,羌中道而改路。"有的本子有這兩句。有的本子沒有這兩句。我們通觀《離騷》的韻例,都是雙進的。如有這兩句,就是武、怒、舍、故、路五字相叶,成爲單數了。和全篇的韻例不符合。因此,可以推斷這兩句是衍文,没有這兩句的本子是正確的。

在事實方面,有時可以根據歷史事實來推斷。如《文心雕龍・時序》:"及明帝疊耀,崇愛儒術。""明帝"和"疊"字矛盾。一個人是不能"疊耀"的。從歷史上看,明帝之後,便是章帝。"章""帝"二字,形近易誤。因此可以知道這句本來當作"明章疊耀"。

有時也可以根據地理事實推斷,前所舉閻若璩考"龍城"乃"盧城"之誤,就是一例。再如孟浩然《夜渡湘水》詩:"客舟貪利涉,暗裏度湘川……行侶時相問,涔陽何處邊?""涔陽",有的本子作"潯陽"。"潯陽"即今江西的九江一帶,距離湘水很遠,而涔陽則在今湖南澧縣附近,距湘水很近。由此可以得出結論,一本作"潯陽"是不對的。

在義理方面,我們常常可以發現由於書面材料的文字有誤,以致材料也説不通的情形。這自然需要加以改正,纔能通讀。但在没有資料可供對勘的情况下,改正的工作就祇能在根據義理加以推斷的基礎上進行了。如《文心雕龍·諸子》:"斯則得百氏之華采,而辭氣文之大略也。"下句文理不甚通順,一覽可知。但並没有其他可據以校改的資料。於是讀者衹好從義理方面推斷,有人認爲"文"字是衍文,還有人認爲除此以外,"而"字可能是"總"字之誤。雖然不能證實,卻比較合於文理了。

又如范曄在《獄中與諸甥姪書》中説:"手筆差易,文不拘韻故也。"這話不好懂,問題在於,六朝時"文"同"筆"是相對的,有韻爲文,無韻爲筆;或者説有文采的爲文,没有文采的爲筆。"文"同"筆"是兩回事,所以這句話不通。以前我在唸書時,曾去問過黄季剛先生。黄先生作了個推理的校勘,説"差易"下面脱了個"於"字。這樣,原文就讀爲"手筆差易於文,不拘韻故也"。後來郭紹虞編《歷代文論選》,也採用了這種改法。這是一個推理的校勘。

爲了便於説明問題,我們將校勘方法分成對校和理校,理校之中,又從文字、事實、義理各方面來説。但在實際工作中,這些方法往往都是綜合地加以使用的。特別是在理校方面,必需從各個不同的角度來考慮,纔能取得近真的結果。

從以上對於校勘工作所需資料及所用方法看,雖然這衹是文獻整理的初步工作,要將它做好,還是需要具有豐富的知識的。例如,爲了掌握和辨別不同的版本,收集相關的資料,就得具備目錄學、版本學的知識;要發現和改正文字上、事實上的錯誤,就得具備文字學、音韻學、歷史學、地理學,乃至天文、曆法等方面的知識,如果不知道漢明帝之後是漢章帝,就絶對想不起"明章疊耀"

這樣一個推理的校勘,如果不知道溠陽比潯陽離湘水更近,就不可能判斷孟浩然詩句的正誤。

再如温庭筠詩:"劉公春盡青蕪國,華廄愁深苜蓿花。""春盡青蕪國"對"愁深苜蓿花",很工整。但"劉公"是個人,"華廄"是華美的馬廄,則不能成對。後來我在《晉書》裏找到了《華廙傳》,華廙原是晉武帝時的大臣,後因有罪被排斥了,皇帝還很想念他。有一次晉武帝登高臺,老遠地看到了華廙家中的"苜蓿園",覺得這個老臣還很可念,後來又讓他出來做官了。温詩的兩個注本都沒有注意到這個事實。所以,在這些方面,歷史知識是不可缺少的。

此外,還得具備關於所校勘的那一部書的專門知識。如果缺乏這方面的知識,即使做到了廣儲異本,博採群籍,細心工作,仍然會基於這種缺陷而發生意想不到的困難。陳垣撰《元典章校補釋例》(新印本改名《校勘學釋例》),其中有關元代語言、名物的特例就有二卷之多,這正説明,陳先生如果不是一位元史專家,他這項工作是不可能取得那麼優秀的成績的。

總之,對校是根本,理校是補充。在校勘工作中,要把二者結合起來,纔能充分發揮其作用,達到校正古籍的目的。

第六節　校勘成果的處理形式

關於校勘成果的處理形式問題,在一般情況下,人們總是採

用一種最方便的辦法,即將校出的異同是非記在底本上面,如果
不准備正式發表,那麼其校勘成果便祇能以這種原始形態而存在
著。反之,如果要將它發表出來,那就可以採用多種多樣的形式。
這對於一個從事校勘工作或想利用他人校勘成果的人來説,也是
需要知道的。

校勘成果大致可以用下列七種形式來處理。

1. 定本

經過校勘,分別同異,判斷是非,然後將自己認爲正確的文字
寫下來,成爲定本。這是從漢代劉向等校書就採用的辦法。今人
選注古典文學普及讀物,也還有用這個辦法的。它的長處是簡單
明瞭,短處是所定正文,未必一定正確,有時還使人無法找到它的
依據。

2. 定本附校勘記

這種方法也是選取經過校勘後認爲正確的文字著爲正文,但
另附校勘記,説明其所校定的根據或理由。如郭沫若《鹽鐵論讀
本》,即是一例。它的長處是既有定本之簡明,又不致於使人不知
定本文字所從出。其短處則是定本文字,對於讀者,是要產生先
入爲主的作用的,但又不能保證其必無錯誤。仍以《鹽鐵論》爲
例,王利器本和郭沫若本就有較大出入。

3. 底本附校勘記

選擇一個作爲校勘基礎的底本和其他資料互校,工作完成
後,連同底本和校勘記一併發表出來。其中多數是將校勘記整理

以後作爲底本的附録。如《士禮居叢書》影刻宋本《國語》、《戰國策》,均附有黃丕烈撰的《札記》,即是其例。也有少數是依據原校者寫在底本上的手稿,如式刊印出來,不另編校勘記的。如李約齋刻的紀昀《瀛奎律髓刊誤》,即是一例。將校勘記加以整理,作爲附録,連同底本一併刻印出來,這乃是發表校勘成果的主要形式。因爲它是謹嚴的、完整的。它既没有以意改動正文,也没有以意取捨異文,而是先加以詳盡的搜集,再加以判斷,甚至並不加以判斷,留待讀者自行考慮。

4. 不附底本全文的,單行的校勘記

這種方法和前一種是一樣的,不過由於底本繁重,或者習見易得,所以發表時就祇摘録有校文的部分,單獨印行。讀者如果需要底本,不妨另行尋找。它的發表形式一般有兩種:一是合多書的單行的校勘記爲一書,最有名的如盧文弨的《群書拾補》;二是每種校勘記自爲一書,如羅繼祖的《遼史校勘記》。

5. 與注釋混合的校勘記

學者們爲某一古書作注時,往往要牽涉校勘的問題。因爲正確的文字乃是正確的注釋的前提。正因爲這樣,文字的校訂和注釋便經常混合在一起了,我們看《史記》、《漢書》、《文選》等的舊注,就隨時可以發現這種情形,就是我們今天作注,有時也採用這種對於撰者敘述和讀者閲覽都很方便的形式。當然,如果是專門從事校勘,這種形式就無法採用。

6. 載在讀書筆記中的校勘記

讀書筆記的性質和範圍都很廣泛,以清代學者的著述爲例,如《日知録》、《癸巳類稿》所論就遍及群書,《經義述聞》、《廿二史考異》就專研究某一類書。此外,爲某一部書寫下自己鑽研心得的,則爲數更多,不勝枚舉。在這些筆記中,不涉及校勘工作,不記載一些校勘成果的,爲數極少。用筆記的形式來發表校勘記,在成果較少,不能獨立成書時,是非常適合的。

　　7.用單篇文章(論文、題跋、書信)發表的校勘記

　　在上述這樣一些單篇文章中,常常有專門談到某一個具體的校勘問題的。至於因談到別的問題而牽涉校勘的,爲數就更多。這實際上乃是一種特殊形式的校勘記。如段玉裁的《與諸同志論校書之難》這篇書信體的論文,就是通過詳細分析幾個典型的例子,來揭示校勘學上"定其是非之難"這一情況的;他所舉的幾個例子,就其本書來説,也正是很詳密的校勘記。

第七節　校勘宜慎

　　古籍,由於種種原因,錯誤多有,而且往往不能一遍就全部校出。所以鮑彪《戰國策序》説:"校書如塵埃風葉,隨掃隨有。"在後人校勘的過程中,亦難免有主觀武斷處。所以,王念孫在《讀淮南子札記》中説,書中之錯,本錯居半,而後人錯改亦居半。這就是説,從事校勘工作,必須審慎,必須堅持實事求是、多聞闕疑的原則。

　　能夠校出古籍中的錯,那是一件很好的事。《北史·邢邵

傳》:"有書甚多,而不甚讎校。見人校書,笑曰:'何愚之甚!天下書至死讀不可遍,焉能始復校此? 日思誤書,更是一適。'妻弟李季節,才學之士,謂子才曰:'世間人多不聰明,思誤書何由能得?'子才曰:'若思不能得,便不勞讀書。'""日思誤書,更是一適",意思是對於書中的錯誤,不斷地在想,如果想出來了,就很愉快。從現在的角度看,他很讚成推理的校勘,但不拿本子老是在想,也不一定可靠。

校勘是一件非常困難的事情。《顏氏家訓·勉學篇》:"校定書籍,亦何容易?""何容"兩字連用,見於《漢書·東方朔傳》。"何容",豈容也。義與現代語"談何容易"中的"何容"不同,現代語"容易"是一個詞,這是說校勘不易。《勉學篇》接著說:"自楊雄、劉向,方稱此職耳。觀天下書未遍,不得妄下雌黃,或彼以爲非,此以爲是。或本同末異,或兩文皆欠,不可偏信一隅也。"雌黃是一種黃色的礦物質。古人寫書往往用黃色的藥物把紙染過,以防蛀蟲,如果寫錯了字,就用雌黃粉把錯字塗掉,然後再寫,顏氏講"不得妄下雌黃",就是說錯誤多種多樣,不可隨便亂改。

顧廣圻在《書〈文苑英華辨證〉後》跋中說:"余性素好鉛槧,從事稍久,始悟書籍之訛,實由於校,據其所知,改所不知,通人類然,流俗無論矣。"顧氏認爲,書籍發生錯誤,是由人人亂改造成的,每個校書的人都是有知識的,他可以改正人家的錯誤。但每個人的知識都是有限的,以有限的知識,去改文獻中無限的記載,又難免要犯錯誤,這裏也是説校勘不能亂改。

下面舉兩個不能亂改的例子。

黄朝英《靖康緗素雜記》卷十:"昶(韓愈子)嘗爲集賢校理,史傳中有説金根處,皆臆斷之曰:豈其誤與? 必金銀車也! 悉改'根'字爲'銀'字。"金根車,是天子坐的車子。韓昶不瞭解輿服,改"根"爲"銀",弄出了一個大笑話,(關於金根車見司馬彪《續漢書·輿服志上》,即今本《後漢書》志第二十九。)

這裏順便講一下"二十四史"這個名稱。二十四史是清代皇帝欽定的,每部史書能在裏面佔有一個地位,是經過競爭、淘汰的。以《後漢書》爲例,在范曄做《後漢書》以前,有過好多《後漢書》在社會上流傳。競爭的結果,范曄的得到流傳,其他本子都散失了。其實,范曄做《後漢書》,在寫好了紀、傳之後,就被逮捕入獄了。所以范曄的《後漢書》雖然好,然而無志。晉人司馬彪曾做過《續漢書》,也是講東漢的事。在范書流行的時候,《續漢書》還在。後來人們就把范書的紀、傳和司馬彪的志合併成一部書。所以,現在的《後漢書》事實上是兩個人做的。《新唐書》也是一樣,列傳是宋祁做的,其餘部分是歐陽脩做的。不過,這是皇帝下命令叫兩人合作的,而《後漢書》是後人拼湊起來的,性質不一樣。《晉書》原來有十八家,但唐太宗不滿意舊有《晉書》,他要臣子重做,自己也做了兩篇傳論,一是王羲之的,一是陸機的。因爲有皇帝的一部分作品在裏邊,人們稱爲御撰《晉書》。這部《晉書》沾了皇帝的光,流傳下來了。別的《晉書》就廢掉了。總起來説,廿四史的形成,是經過了一個複雜的過程的。

彭叔夏《文苑英華辨證》:"嘗聞太師益公先生(周必大)之言曰:'校書之法,實事是正,多聞闕疑。'叔夏年十二三,時手鈔《太祖皇帝實録》,其間云:'興衰治口之源',缺一字,意謂必是治'亂',後得善本,乃作治'忽'。三折肱爲良醫,信知書不可以意輕改。"這段文字是説,校書要有根據,要多打聽。證據不足,要缺疑,不可"以意輕改"。

亂改,最貽誤後人——因爲"以意輕改",改是改錯了。但從表面上看來很通順。很容易模糊人們的眼睛。陳寅恪先生《元白詩箋證》是本好書,裏面就説到因亂改而改誤的例子。

白居易的《新豐折臂翁》中有一句詩,現在的本子一般作"此臂折來六十年",很通順,但敦煌本、宋本作"臂折來來六十年"。陳先生考證,"來來",就是來的意思,唐人俗語,所以這樣的改動很難發現,除非你很熟悉唐代的語言。

鄭畋有一首詩,寫安史之亂的事,全詩是:"玄宗回馬楊妃死,雲雨難忘日月新。終是聖明天子事,景陽宮井又何人?"詩中第一句,和白居易《長恨歌》中"馬嵬坡下泥土中,不見玉顏空死處。君臣相顧盡沾衣,東望都門信馬歸"的意思是相同的。"雲雨難忘",似乎是寫的"夕殿螢飛思悄然,孤燈挑盡未成眠。遲遲鐘鼓初長夜,耿耿星河欲曙天"的詩意,第三句毫無破綻,而"景陽宮井又何人",則是寫的陳後主的故事,當隋朝大軍攻破金陵以後,陳後主同張麗華和孔貴嬪躲在井裏,但還是被捉住了,後來人們叫這口井爲辱井。這井就在雞鳴寺,我小的時候還見過。這兒是說,國家沒有滅亡,比起陳後主來是好多了。從表面上看,這首詩一點問題都沒有。但找到的古本不是這樣,是"肅宗回馬楊妃死,雲雨雖亡日月新。"共有三個字不同。根據古本,可以看到後人的改動是錯誤的。鄭畋的這首詩,不是講玄宗的,而是歌頌肅宗的,歌頌他平定叛亂,恢復唐朝的江山。所以說楊妃雖死,然江山依舊,是爲"日月新"。肅宗不愧是中興之主,聖明天子。當時大概讀書的人不知道鄭畋詩的意思,又受了白居易《長恨歌》的影響,所以改"肅"爲"玄",從而再改"雖亡"爲"難忘"。這樣,鄭畋的詩就面目全非了。

第四章 目 録

第一節　名稱和淵源

目，其原始意義指人的眼睛，後來，人們拿它來標志單位，如"篇目"、"名目"等。録，原指刻木發出的聲音，《説文》"刻木録録也"，引申爲記録。所謂"目録"，一般最簡單的説法就是指一部書的篇目，或者許多書的書目。

"目録"這個名稱《漢書》裏就有了。《漢書》的《敘傳》就是《漢書》的目録，裏面講到他爲什麽要作《藝文志》，其文曰："虙羲畫卦，書契後作，虞夏商周，孔纂其業，篹書删詩，綴禮正樂，彖系大易，因史立法。六學既登，遭世罔弘，群言紛亂，諸子相騰。秦人是滅，漢修其缺，劉向司籍，九流以别。爰著目録，略序洪烈。述《藝文志》第十。"

這段話是説，中國古代文化，最初是伏羲畫卦，然後有書契之類的東西。孔子雖然編纂、整理了典籍，但適逢春秋戰國、諸子争鳴之際，秦人焚書又把這些毀滅了。以後漢人又來收補殘缺，直到劉向管理典籍，纔能區分學術流派。所以要編一個目録，把《藝文志》寫出來,表彰一下劉向、劉歆父子的偉大功績。

中國古代把目録學算成史部的組成部分,《隋書・經籍志》史部就有了簿録類,其小序曰:"古者史官既司典籍,蓋有目録,以爲綱紀,體制堙滅,不可復知。孔子删《書》,別爲之序,各陳作者所由。韓、毛二《詩》,亦皆相類。漢時劉向《別録》、劉歆《七略》,剖析條流,各有其部,推尋事迹,疑則古之制也。自是之後,不能辨其流別,但記書名而已。"

這段話是説,古代的史學家,同時也管國家的文書、檔案。這就一定有一個目録作爲綱紀,以便檢查。但是,這些東西古代是什麽樣子,已經不知道了。孔子編《尚書》,都加了序(按這是《隋書》編者的認識,實際上,《書序》不是孔子搞的,而是出於漢人之手),韓、毛二《詩》,每篇詩也都有個序。漢時劉向作《別録》,劉歆作《七略》,都根據學術分類,分別部居,這是向古人學習的結果。以後,因爲真正做到學術分類並不那麽容易,所以,就祇記個書名。

以上這兩段話都是講"目録"一詞的起源。

"目録學"一詞,始見於宋人筆記。宋人蘇象先《丞相魏公談訓》中記敘一段他的爺爺蘇頌去謁見王原叔(王洙)的故事説:蘇頌"謁王原叔,因論政事,仲至(王原叔之子)侍側,原叔令檢書史,指之曰:'此兒有目録之學。'"這個材料是我偶然發現的,以前人還没有注意過。《四庫提要》講"目録"兩個字起源於後漢鄭玄的《三禮目録》,其實,早在《漢書》上就已經有了。

第二節　目録學的功用

校讎學雖然包括版本、校勘、目録和藏弆這四部分,但對一般科研工作者來説,校勘、目録兩部分最爲有用。

王鳴盛《十七史商榷》卷一上説:"目録之學,學中第一緊要事,必從此問塗,方能得其門而入。然此事非苦學精究,質之良師,未易明也。自宋之晁公武,下迄明之焦弱侯一輩人,皆學識未高,未足剖斷古書之真偽是非,辨其本之佳惡,校其訛謬也。"

從清朝科學比較發達的階段來看,宋、明的目録學水平確實不高,但是,從另外一個角度,從它們所保存的宋、明的材料來看,宋晁公武《郡齋讀書志》、明焦竑《國史經籍志》這兩本書都具有很高的價值,儘管它們記載得不夠準確完備,或者還有其他某些缺點。不過,王鳴盛底下三句話講得好,要真正掌握目録學這門學問:一是要"剖斷古書之真偽是非"。這裏要注意,偽書裏面也有許多有價值的東西,如《列子》一書,經過學者考證,判定其爲魏晉時期的作品,但是,作爲魏晉時的史料,《列子》也是很可寶貴的,因爲它比較完整地保留了魏晉時的資料,現在中國哲學史就把《列子》作爲魏晉哲學的一個篇章。是非與真偽,相關聯又相區別。有的假東西很有價值,有的真東西反而不一定有價值。辨別真偽是個問題,辨別是非又是一個問題。再一個就是"辨其本之佳惡",即辨別版本的好壞。還有一個是"校其訛謬",就是校勘。

王鳴盛講的這個目録學,實際上包含了目録、版本、校勘三個方面,概念分辨得不很清楚。

張之洞《輶軒語·語學·論讀書宜有門徑》中説:"氾濫無歸,終身無得。得門而入,事半功倍。或經,或史,或詞章,或經濟,或天算地輿。經治何經,史治何史,經濟是何條,因類以求,各有專注。至於經注,孰爲師授之古學,孰爲無本之俗學;史傳孰爲有法,孰爲失體,孰爲詳密,孰爲疏舛;詞章孰爲正宗,孰爲旁門;尤宜決擇分析,方不至誤用聰明,此事宜有師承。然師豈易得?書即師也。今爲諸生指一良師,將《四庫全書總目提要》讀一過,即略知學問門徑矣。"

張之洞《書目答問·譜録第十二》書目之屬自注云:"此類各書,爲讀一切經史子集之塗徑。"

這些話現在看來也有不足之處:1.《四庫全書總目提要》也有錯,余嘉錫先生曾經指出過,郭伯恭寫過《四庫全書纂修考》,所論甚詳;2.《提要》太老,是十八世紀的產物,一直到後來的兩百年的學術成果,都没有搜集進去;3.主編《提要》的人重漢學而輕宋學,學術觀點上有偏見。但是,無論怎麽説,直到現在,它還是不可代替的。我們的責任就是趕快代替它。

我們研究目録學的重點,在於群書之目録。群書之目録,第一點在將書進行學術歸類,文學歸文學,史學歸史學,在古代就是經史子集,這樣,使用目録的人可以即類求書,然後因書究學。所以,目録的基本要求是嚴密。所謂嚴密就是醋不能和醬油放在一起。做到這點也不很容易,譬如要搞一個物理學的分類表,卻對整個學術系統搞不清楚,那你怎麼分呢? 新中國成立後,我們没有大量培養有關文獻整理的人,包括圖書館學人才,所以現在的圖書館一般祇是處於來了書登記登記的狀况。其實,搞圖書工作的人需要有非常多的知識,還要懂得非常多的外文。

講到群書目録時,我們還要明白,對於專家學者來説,一般的分類目録是不够用的,還要編制各種各樣的專題目録,如專書的、專地的、專代的、特種的等等。另外,除分類目録外還要有主題目録,作者目録,書名目録。作者目録和書名目録或者是按音序,或者是按筆畫,一個比較大的圖書館,都要有幾種目録體系,便於檢索,爲讀者服務,爲四化建設服務。

第三節 目録書的體制

一、一書之目録:篇目

《漢書·藝文志》講到一書之目録的起源,在劉向以前,《尚書》有序,我們現在看到的《毛詩》也有序,如《關雎》這一篇,它用一句話"刺某某也",或者説"美某某也"。這也是一個簡單的解釋。到了劉向,就比較複雜了。劉向等奉命校書,"每一書已,向輒條其篇目,撮其指意,録而奏之"。每一篇校完之後,把書目寫在前面,後面寫一篇文章,介紹其内容。當然,劉向介紹書的内容總有一定的政治目的,内容介紹完了,他總要談幾句:這個書皇帝看了以後有什麼好處,可以警誡啊,可以學習啊,等等,總有那麼幾句話,這就是目録。

我們講目録,一般有兩個内容:一部書的篇目和序稱爲目録;許多書的名字編在一起,加上全書大類、小類的序,也稱爲目録。目,一般包含兩個意思:書的篇目和群書的書目。録,主要是指一部書的序,後來發展爲提要。劉向在《漢書·藝文志》總序裏説的"條其篇目"就是指的"目","撮其指意",指的是"録"。所以説,目録也包含兩個含義,一是篇目,一是序。現在,我們拿到一本書,如果僅僅祇有篇目,全書没有一個序(或者説目録後記),嚴格講起來,這種標題不能叫目録,祇能叫目次。有目録後記的纔能叫目録。

古書的篇目,一般不在書的前面,而是在全書的後面,比如《易經》,最後一篇叫《序卦》,它就是《易》的篇目,把六十四卦排了一個次序。拿子書來説,《淮南子·要略篇》,它把各家的子書評論一番,然後講自己的特點。《史記》一百三十篇,最後一篇是《太史公自序》。在《自序》裏,他説明了爲什麼要作《五帝本紀第一》、《伯夷列傳第一》等等。班固的《漢書》一百卷也是這樣,有一個《敘傳》,它是對次序安排的解釋,又是内容介紹。它們都擺在全書的後面。因爲古書或者用竹子寫,或者用卷帛寫,寫完以後纔能作序。後來因爲印刷術的發明,物質條件的進步,就把它移到了前面。

篇目的作用可以概括爲以下七點：

1. 顯內容

古書的發展有一個過程。最初可能没注意到著書的目的。就史官來説，他是爲了保存檔案。從春秋末期到戰國，著書是因爲私門講學。學生很尊重老師的意見，怕把老師的意見忘了，就記下來，如前面提到的"子張書諸紳"。像《論語》這樣的書，都是一條一條的。"學而時習之，不亦説乎？有朋自遠方來，不亦樂乎？……"等没頭没腦的幾句話。因此，有時候由於它提供的材料背景不詳，令人不好理解，如："吾猶及史之闕文也。有馬者，借人乘之，今亡矣夫！"歷來的經學家對這段話有爭論，前面一句還好懂，"我看見史官還缺一段文字"，底下忽然來了一句，"有馬借給別人騎，現在没有了"，真是莫名其妙。《論語》就是這樣一本書，是學生記載的老師的言論。老師死後，一部分是孔子的學生，一部分是學生的學生，大概是曾子和有子的學生編定的。《論語》的編定没有什麼内在聯繫，稍微有一點，比如最後一篇《鄉黨》，談孔子的生活細節比較多，其餘的就没有什麼系統。當它編定時，是以一定長度的竹簡或帛爲單位，每一卷編好後，總得安個名稱，因此，就想出用首二字標題的辦法。《論語》第一條："子曰：'學而時習之，不亦説乎？'"於是就叫做《學而第一》。第二卷第一條："子曰：'爲政以德，譬如北辰居其所而衆星拱之。'"於是就叫做《爲政第二》。這樣的編輯，祇是按照次序的先後，勉强給它取個名字，這種篇名不能顯示它的内容。《詩經》也是這樣，爲什麼叫做《關雎篇》呢？因爲第一句詩是"關關雎鳩,在河之洲"。爲什麼叫《桃夭篇》呢？因爲第一句詩是"桃之夭夭,灼灼其華"。

以後,人的知識進步了,編書的技術也進步了,有許多人著書的時候,知道要立一個主題,把一個問題談清楚。因此,有些子書就開始用篇名來表示主題,這樣,主題和篇名就統一了。比如《荀子》第一篇叫做《勸學篇》,通篇講的就是勸學:勸大家好好學習,學習非常重要,學習能使一個人提高,能夠改變人的性格等等。"勸學"這兩個字能夠顯示作品內容。再如《韓非子》的《説難》,專門講游説的困難:要考慮怎樣把別人説服,怎樣掌握別人的心理狀態等等。《墨子》的《非攻》,《呂氏春秋》的《察傳》等等都是。像這樣的一些標題對我們就很有用。總的來説,有篇目的好處是在一定程度上可以顯示內容。

2. 便稽檢

篇目便於稽檢,這一點大家都知道。至於編排的方法,一種是自然的次序,如編午史,《左傳》十二公,自隱至哀,這就是自然次序。但絕大多數都是人爲的次序,根據一定的標準編寫。比如你要編寫一個中國古代語言學的論文集子,就應該把研究上古音的擺在一起,研究中古音的擺在一起。不便稽檢,會給人帶來許多麻煩,如張相的《詩詞曲語辭匯釋》,這位老先生學問很好,但頭腦不大現代化,他既不按音序排,又不按筆畫排,想到一條寫一條,寫了厚厚的兩本,翻檢起來很困難,後來出版時祇好單獨幫他編了一個索引。所以,有了篇目就便於檢查了。

3. 免錯亂

古代印刷術不流行,主要靠傳抄來流通。一部竹書,要分成許多冊,帛書的長度也有限。等到後來刻板,一本綫裝書可以容納好幾卷,如果前面没有一個篇目,那前後的次序就容易錯亂,有一個篇目就可以避免這種情况了。

4. 防散佚

没有篇目,就容易散佚。如《漢書·藝文志》講《管子》是八十六篇,《淮南子》内篇是二十一篇,它把數目都注出來,再加上篇目,哪一篇第一,哪一篇第二。那麽如果我們檢查這些書時,就知道是不是完整無缺。如果缺了,還可以知道缺了哪幾篇。所以,有一個篇目就可以防止散佚。不僅是古代如此,現代也是如此,比如買舊書,查目録少掉幾卷,前後内容就不能銜接。

5. 考分合

清人章學誠,是近代大目録學家。他的《校讎通義》是目録學的名著。他有許多貢獻,其中很重要的一個貢獻是發現古書中有别裁和互著兩個條例。他不僅發現了這兩個條例,而且還主張廣泛地應用這兩個條例。什麽叫"别裁"呢? 就是一部整書中的某一部分具有獨立性,獨立的價值,那麽就可以把它單獨抽出來,作爲一部獨立的書處理。"别裁"就是"裁篇别出"的意思。古書"别裁"比較方便,如《管子》的《弟子職》這一篇。這種辦法現在也在使用。如范文瀾同志的《中國通史簡編》隋唐部分和講唐代佛教兩章很重要,他後來抽出來,前面加一個序,後面加一個年表,單獨出了一本書。毛澤東同志著作中許多單行本,如《實踐論》、《矛盾論》等等,就它同《毛選》的關係來説,就是"別裁"。

像這些情況,如果一部書有篇目,就可以看出古書的分、合關係。比如南宋朱熹編的《四書》。《論語》、《孟子》是獨立的著作,但是,《大學》、《中庸》原是《小戴禮》中的兩篇,就是從《小戴禮》中"別裁"出來的。別裁以後,又同《論語》、《孟子》合在一起,編成個小叢書,可以叫做"哲學小叢書"或者"儒家小叢書"。《禮記》裏有篇目,其中有《大學》、《中庸》,這就便於我們知道:原來《四書》中的這兩篇是從《禮記》中拿出來的。因爲《禮記》的編定在漢朝,《四書》的編定在宋朝,時間相差很遠。

再一個是"互著"。"互著"的意思是一部書的性質可以兩屬。比如《老子》,傳統上認爲是道家,近來有些學者認爲是兵家,作目錄時到底分在哪一類呢? 章學誠想出一個辦法:兩類都寫上,用現在圖書館的方法來説,就是"參見標題"。

6.辨真僞

古書有篇目能夠查出後人假造的書,即可以辨別真僞。

古人編書是很謹慎的。比如宋朝人編李白和杜甫的詩集,相傳原來的本子都有一個篇目,後來忽然發現一篇詩,有人説是李白作的,比較謹慎的辦法叫做"新附",那就説明"新附"詩來路不明,不是唐人流傳下來的舊本,特別是關於李白的詩,許多"新附"靠不住。天津師院的詹瑛教授寫過一本《李白詩論叢》,考出許多李白的假詩。

當然,有一個篇目也不能絕對地證明真假,但至少可以看出流傳的經過,幫助我們辨別真偽。

7. 窺佚亡

書散失了,有篇目在,也許可以知其大致內容,且便於從事輯佚工作。

從宋朝到清朝,中國的文獻學或者說目錄學有一個分支,就是輯佚學。就性質來說,輯佚是指輯錄已經亡佚了的書,簡言之,就是古書的還原。我個人推測,它很可能是從校勘學派生出來的。因爲文字發生錯誤,就要校勘,就要找各種直接和間接的材料來核對,使它恢復和接近本來面目。一部書散失了,看不到原書了,但這個書又很重要,很有價值,那我們就勢必設法搜集那些零零碎碎記載或者轉錄在別的書籍裏面的殘餘部分。三國曹魏開始出現的類書,漢朝人開始的古書注箋,六朝時期從印度傳來的“合本子注”等等,在這些材料裏,都保留了大量古書片斷。除此之外,一些詩文總集以及地方志裏也都保存著一些散佚了的古書中的某些部分。把這些散在各書中的某一部書的殘餘部分集中在一起,使之復原,這就是輯佚。

輯佚工作,從宋人開始注意,到了清朝則大規模地進行,並且也很有成績,最有名的是馬國翰的《玉函山房輯佚書》。另外還有黄奭的《漢學堂叢書》,湯球的《十六國春秋輯補》,魯迅先生的《古小説鈎沉》,任大椿的《小説鈎沉》,等等。

古書有篇目對輯佚工作很有幫助。如東漢桓譚(君山),作了

十六篇《新論》,後來散失了。但這十六篇的題目在《後漢書》本傳
的注釋中有。清人搞輯佚,因爲它有篇目,哪一條佚文歸到哪一
篇就很方便。如果没有篇名,那就難辦了。

二、群書之目録:書目

劉向整理典籍的工作,主要是整理每一部書,編定書目後寫
個序,或者説寫個提要,後人稱之爲"别録"。"别録"的全稱是"七
略别録",意爲"七略之外,别有此一録"。他兒子劉歆繼承其業,
他工作的重點是把他父親編定的書目,再編一個分類的書目,他
稱之爲七類,實際上是六類。然後就每一個大類和小類概括性地
寫一個序,後人稱之爲"七略"。"略"就是"疆域"的意思,即"七個
領域、七個方面"的意思。劉向的《别録》是一部書目録的開始,劉
歆的《七略》是群書目録的開始,所以説,劉向父子是中國目録學
的祖師爺。

群書目録的組成部分祇有三個:最不可少的是書名,然後就
是序例,即全書的序和大類、小類的序,再一個就是解題,即每一
部書的提要。

中國目録的形態基本上也就是這三種。

第一種,分類記録書名。南宋鄭樵《通志·藝文略》就是這種
目録。鄭樵是個了不起的史學家,對目録學有其獨特的見解。但
他有一個毛病,就是相信分類到了絶對化程度,他認爲分類能夠
解決一切問題。因此,他的校讎學部分很受歡迎,而他的《藝文

略》卻沒有什麼用,除了抄了一個書名,再沒有其他的内容。這是一種最簡單的目録形態,用處很小。

第二種,分類記録了書名,群書的大類或小類前面或後面都有序例,如《漢書·藝文志》就是。這種序例的用處是説明這一類學術的源流派别,介紹其大體上的情況。這一種目録形態的用處比較大一些。

第三種是分類記録書名,各類有序例,每書又有解題,這是最詳細的一種。我們推重《四庫提要》就是這個原因。張之洞把它看作良師,是有一定道理的。可惜這部書太老了,如果我們現在集中全國社會科學力量,真正用馬克思主義觀點,每部書寫上兩千字的提要,用新的分類法,編一個新的中國書目提要,那就能解决問題。這個工作非個人力量所能辦到,所以,有些學者祇能做某一範圍的書目提要,如姜亮夫先生的《楚辭書目五種》,周采泉先生的《杜詩書目提要》等。

三、序例的起源和内容

序例起源於《七略》中的《輯略》。阮孝緒《七録序》云:"(向)子歆撮其旨要,其一篇即六篇之總要,故以《輯略》爲名。"劉歆的《七略》分類,書目事實上祇有六類,另外前邊有一個總論。《漢書·藝文志》顔師古注云:"輯與集同,謂諸書之總要。"所謂"總要",就是概論。

關於序例起源及内容的材料還有:

　　《隋書·經籍志》:"(王)儉又別撰《七志》……其道佛附見,合九條。然亦不述作者之意,但於書名之下,每立一傳,又作九篇條例,編乎首卷之中。"

　　《隋書·許善心傳》:"善心倣阮孝緒《七録》,更製《七林》,各爲總序,冠於篇首,又於部録之下,明作者之意,區分其類例焉。"

　　《四庫全書總目提要》卷首凡例:"四部之首,各冠以總序,撮述其源流正變,以挈綱領。四十三類之首,亦各冠以小序,詳述其分併改隸,以析條目。如其義有未盡,例有未該,則或於子目之末,或於本條之下附注按語,以明通變之由。"

所有這些大序、小序、凡例,基本上有四個内容。

1. 泛論經籍之功用

　　古人編目録,自有其政治立場,他以統治階級的立場、以儒家正統觀念編書目,發揮他的議論,如講中國文化的發展、六經的作用等等。這對於我們今天來說,祇是一種史料。我們研究古代目録,知道它是在一種儒家思想支配下進行的。《隋書·經籍志序》就反映了這個問題:

　　夫經籍也者,機神之妙旨,聖哲之能事,所以經天地,緯陰陽,正紀綱,弘道德,顯仁足以利物,藏用足以獨

善。學之者將殖焉,不學者將落焉。大業崇之,則成欽
明之德,匹夫克念,則有王公之重。其王者之所以樹風
聲,流顯號,美教化,移風俗,何莫由乎斯道? 故曰:"其
爲人也,溫柔敦厚,《詩》教也;疏通知遠,《書》教也;廣博
易良,《樂》教也;潔靜精微,《易》教也;恭儉莊敬,《禮》教
也;屬辭比事,《春秋》教也。"遭時制宜,質文迭用,應之以
通變,通變之以中庸。中庸則可久,通變則可大,其教有
適,其用無窮,實仁義之陶鈞,而道德之橐籥也;其爲用也
大矣,隨時之義深矣,言無得而稱焉。故曰:"不疾而速,
不行而至。"今之所以知古,後之所以知今,其斯之謂也。

2. 闡述文運之源流

我們在《緒言》一開頭所引的《漢書·藝文志》總序的一段話
就說明白了這個問題。我們之所以祇引那一段話,是因爲越到後
來序就越長了。如《隋書·經籍志》序,從古時寫起,一直寫到他
當時的情況。

下面,我們再引一兩段《漢書·藝文志》中的序。一段是《詩
賦略序》:

傳曰:"不歌而誦謂之賦。登高能賦。可以爲大夫。"言
感物造端,材知深美,可與圖事,故可以爲列大夫也。古者諸
侯卿大夫交接鄰國,以微言相感。當揖讓之時,必稱詩以諭

其志，蓋以別賢與不肖而觀盛衰焉。故孔子曰："不學《詩》，
無以言也。"春秋之後，周道寖壞，聘問歌咏，不行于列國。學
詩之士，逸在布衣，而賢人失志之賦作矣，大儒孫卿及楚臣屈
原離讒憂國，皆作賦以風，咸有惻隱古詩之義，其后宋玉唐
勒，漢興，枚乘、司馬相如，下及楊子雲，競爲侈麗閎衍之詞，
没其風諭之義，是以楊子悔之曰："詩人之賦麗以則，辭人之
賦麗以淫，如孔氏之門人用賦也，則賈誼登堂，相如入室矣。
如其不用何？"自孝武立樂府而采歌謠，于是有代趙之謳，秦
楚之風，皆感于哀樂，緣事而發，亦可以觀風俗，知薄厚云，序
詩賦爲五種。

這裏一開頭就有個校勘學上的問題，這幾句話有顛倒："傳曰"兩
字應該在"不歌而誦謂之賦"的後面。因爲他所謂的"傳"是指《詩
經》的毛傳，《詩經·鄘風·定之方中》的傳裏講到，大夫要有九
能，才能做大夫。——出去辦外交能怎么樣，祭祀的時候又怎么
樣等等，當中有一條，要有文學能力，能"登高而賦"。《詩經》的全
部毛傳裏沒有"不歌而誦謂之賦"這句話。這句話不是毛傳裏的。
《文心雕龍·詮賦篇》裏面提到"故劉向明不歌而誦"，就是説，劉
向談到過"不歌而誦"。可見，這句話大概是劉向《別録》裏的話，而
劉歆把它用在《七略》裏面，班固又把它保存下來，傳寫時顛倒了次
序。所以，《漢書·藝文志》原文應該是："不歌而誦謂之賦。傳曰：
登高能賦，可以爲大夫。"當然，"登高能賦"祇是"九能"之一。

下面講到春秋戰國時候，賦詩言志是一種外交禮節，又是外交手段。關於這件事，前人做過很多研究，朱自清先生的《詩言志辨》分析得比較詳備。《左傳》裏就有這樣有趣的故事。兩個國家會晤，兩邊都是"登高能賦"的卿大夫。會晤時有樂隊，甲國要表示一個意思，要批評對方或頌揚對方，或者要揭發對方什麼很隱蔽的事情，就用一種很巧妙的辦法，叫樂隊演奏某一首詩。對方也很敏感，馬上就曉得你是什麼意思，他也叫樂隊演奏一首詩，表示承認或不承認，很有點像劉三姐和秀才兩個人對歌。

下面"賢與不肖"是指人而言。"盛衰"是指國而言。到了《戰國策》記載戰國的事，就没有這一套禮節了。這一套禮節和外交手段都没有了，代之而起的是長篇的辯論，比如蘇秦、張儀、公孫衍、范雎、蔡澤這樣一些人。然後官學就發展爲私學了。因爲一些大夫政府不用他們了，他們的地位下降了，變成了布衣，他又有這樣一種表達能力，所以就由國家賦詩而變成了自己的創作。

漢賦主要是夸張，"勸百而諷一"，增長了帝王的奢侈心。"詩人之賦麗以則，辭人之賦麗以淫"，"則"是法則，"淫"是超過的意思，就是説前者既有藝術性，又有思想性；而辭人之賦却喪失了按照儒家標準的思想性。賈誼的賦接近於屈原，還是有諷諭之義的。比如《鵩鳥賦》、《吊屈原賦》，司馬相如就比較少了。"賈誼登堂，相如入室"這句話是反話，從諷諭角度看，賈誼應該比司馬相如好一些。最後講到漢朝人通過采詩可以看出風俗的厚薄。

我們把《詩賦略序》作爲一個樣子，就可以看出《漢書·藝文志》裏面每一個大類是怎樣敘述的，就是從春秋時用詩起，一直到通過楚辭變化到漢賦。同時簡單地講一講民間歌謠，是一個很簡單的詩歌發展的過程。當然這個過程由我們今天來寫，那又是另外一回事，當時是根據劉歆、班固他們的認識來寫的。

"略"底下又有好幾種小類，每一類也有一個很簡單的序。我們可以隨便舉一例子：

> 縱橫家者流，蓋出於行人之官。孔子曰："誦詩三
> 百，使於四方，不能專對，雖多，亦奚以爲?"又曰："使乎!
> 使乎!"言其當權事制宜，受命而不受辭，此其所長也。
> 及邪人爲之，則上詐諼而棄其信。

諸子一共九流十家，小説家不算在九流裏面，縱橫家是戰國時蘇秦、張儀互相欺詐、互相恐嚇、互相引誘的著作。這裏講了縱橫家出於王官，然後是孔子對辦外交提出了什麼要求和標準。最後又講到了它的長處和短處。很短的一段話，就把縱橫家基本的東西概括進去了。前人之所以比較重視這個問題，就因爲它能夠把整個的學術系統簡單地談一談。

3. 辨章學術之異同得失

首先引姚振宗的《七略別録佚文序》説明這個問題(劉向《別録》、劉歆《七略》有六七個輯本，數姚氏的最詳備，收在浙江圖書館和開明書店出版的《快閣師石山房叢書》裏)：

《七略》首一篇,蓋六略分門別類之總要也。大抵六
藝傳記,則上溯於孔子;諸子以下,各詳稽其官守,皆一
一言師承之授受,學術之源流。雜而不越,各有攸歸。
《釋文序録》所載七經流別,蓋仿其體而小變之者也。

《七略》的第一篇叫做《輯略》,説明每一個大類爲什麼要這樣分,
小類爲什麼這樣分,每種學術是個什麼情況,都另外排在一起,成
爲《輯略》。

陸德明是一個很有名的語言學家,也是一個校勘家,他的《經
典釋文序録》對歷來經學源流講得非常詳細,所以搞語言學的人
看重他的《釋文》本身,而搞學術史的人則十分看重他的《序録》。
近代學者吳承仕(檢齋),是章太炎的學生,曾著《經典釋文序録疏
證》,是很好的一部書。

下面再看章學誠《校讐通義·原道篇》中的一段話:

劉歆蓋深明古人官師合一之道,而有以知乎私門初
無著述之故也。何則? 其敘六藝而後,次及諸子百家,
必云:某家者流蓋出古者某官之掌,其流而爲某氏之學,
失而爲某氏之弊。其云某官之掌,即法具於官,官守其
書之義也。其云流而爲某家之學,即官司失職,而師弟
傳業之義也。其云失而爲某氏之弊,即孟子所謂生心發
政,作政害事,辨而別之,蓋欲庶幾於知言之學者也。由

> 劉氏之旨,以博求古今之載籍,則著錄部次,辨章流別,
> 將以折衷六藝,宣明大道,不徒爲甲乙紀數之需,亦已
> 明矣。

"官師合一"就是說政治和教育部門在古代貴族壟斷文化的時候是合一的。貴族既壟斷了文化,又去做官,所以一般的私門是沒有著作的。從孔子之後,學術纔傳到私門。"某家者流"斷句各有不同,一般的斷法是"某家者流",章太炎說,"者"字就是"這"字,所以斷在"某家"後面,否則就不好解釋。最初,王官掌了某一門學問,他就有了那一門學問的書。到後來,通過權力再分配,王官不能掌原來的職責,但是他有某種知識,就跑到民間,由官學變成了私學。孟子的意思是對學術應該注意,搞不好會對人們的思想和行爲起壞的影響。"知言之學",也是孟子的話,他說看到一個人在講話,就能判斷他的話的價值。

章學誠非常推崇這一點,就是:目錄應該通過分類,通過所作的大類的序、小類的序,能夠看出學術的源流。目錄就有這樣的一種作用。章學誠比較重視它,肯定它,就這一點來說,我們肯定他是對的。但是也必須看到,光是一個書目,無論分類多麼仔細,大的序、小的序寫得如何詳細,不能代替專門的學術史。目錄祇是從某一個角度揭示了學術史的某一側面的内容。把目錄絕對化,認爲目錄就是學術史,那是荒唐的。所以,我們在接受古人的某些論點時,必得審查一下。

4. 通目錄之義例

就是編目錄有些什麼條例,怎麼編法。這有兩個内容:一個是記評舊錄部類之開合及其是非,就是在此之前是怎樣分類的,分得對不對,在分類學上追溯一下過去的情況;再一個内容是闡明本錄立名的依據及其沿革,就是我爲什麼要這樣分,有什麼道理,有什麼根據,哪些地方我把它擴大了,哪些地方縮小了。比如説在古代,在劉歆編《七略》、班固編《漢書·藝文志》時,被認爲是歷史書的很少,《春秋》是算做經類的,司馬遷的《太史公書》被附在《春秋》後面,不單獨成爲一個歷史類。後來歷史書越來越多,就單獨成了一類。再如,先秦時代諸子書很多,後來漢武帝"罷黜百家,獨尊儒術",諸子各家的書就很少了,特别是一些很小的家,比如農家、雜家等,就一起歸入了一個小類,稱爲雜家。所以,内容的分、併還可以看出學術的盛衰。

上述情況又同藏書有關係,通過目錄可知藏書的數量。《隋書·經籍志》總序裏説:

> 魏氏代漢,采掇遺亡,藏在秘書、中、外三閣。魏秘書郎鄭默始制《中經》;秘書監荀勖又因《中經》更著《新簿》,分爲四部,總括群書。一曰甲部,紀六藝及小學等書;二曰乙部,有古諸子家、近世子家、兵書、兵家、術數;三曰丙部,有史記、舊事、皇覽簿、雜事;四曰丁部,有詩賦、圖讚、汲冢書,大凡四部合二萬九千九百四十五卷。

但錄題及言,盛以縹囊,書用緗素。至於作者之意,無所論辨……元徽元年,秘書丞王儉又造目錄,大凡一萬五千七百四卷,儉又別撰《七志》……文義淺近,未爲典則……(梁阮孝緒)更爲《七錄》,……其分部題目,頗有次序,割析辭義,淺薄不經……今考見存,分爲四部,合條爲一萬四千四百六十六部,有八萬九千六百六十六卷。其舊錄所取,遠覽馬史、班書,近觀阮《錄》、王《志》,挹其風流體制,削其浮雜鄙俚,離其疏遠,合其近密,約文緒義,凡五十五篇,各列本條之下,以備《經籍志》。

漢末董卓亂政,把當時所藏的帛書都做口袋,當布來使用。書籍損失極爲嚴重。所以到了曹魏,又開始搜集各種書籍。"中外三閣"是指哪三閣,我考了一下,沒找到。反正當時有三個地方藏書。《中經》是一部目錄書的名字。《七略》和《漢書·藝文志》都分爲六類,荀勖則分爲四部,在西洋的書籍分類法傳入以前,中國的書籍分類都是"經史子集"四部,最早就是從荀勖起。甲部中的小學就是語言學,乙部則把《漢書·藝文志》中的數術、兵書、方技、諸子四個部分合併在一起,因爲這些書少了。丙部中的《皇覽》是個類書,因無處可擺,就放在史部裏面。汲冢書是地下資料,無類可歸,就放在丁部裏面。這些就是講《隋書·經籍志》編目錄是根據哪些傳統,哪些地方和前人不一樣等等。

　　總括起來,目錄學的序例就有以上四個内容。

四、解題（提要）的起源和內容

這一部分比較重要。因爲我們現在看《漢書・藝文志》、《隋書・經籍志》，一直到《四庫提要》，其中每一類的大序、小序，也講到學術的演變。但是，那衹代表當時人們對學術的概念。那個概念對於我們今天來説，距離很遠。所以，一般來説，那衹能作爲思想上的一個史料，或者是一個目錄學的史料，不能起直接指導我們思想的作用。但是解題不一樣，解題的範圍小，它是一部書一部書地介紹。如果介紹得很準確，那對我們今天還有用處。所以，看《四庫提要》，主要是看每一部書的提要。在這個意義上，解題應講得詳細一些。

解題是怎樣起源的？《漢書・藝文志》裏説：“每一書已，向輒條其篇目，撮其指意，録而奏之。”

《隋書・經籍志》也提到這一點：“每一書就，向輒撰爲一録，論其指歸，辨其訛謬，敍而奏之。”

就是説，劉向整理書籍，都概括其主要內容，指出它有什麼缺點。按次序來説，一、先有劉向所作的群書的序録，附在每一部書的後面；二、劉歆撰分類目録，有書名有序例（即全書、大類、小類之序），稱爲《七略》；三、後人將劉向所作的每書之序録抄出，另成一書，因其在《七略》之外，別有此一録，故名《七略別録》，乃後世解題之始；四、《漢書・藝文志》即《七略》之改寫本。

中國的古典目録學，從劉氏父子到班固，是最原始的。但也是很重要的。他們之間的關係以前人都不大搞得清楚,我曾經寫過一篇《別録、七略、漢志源流異同考》,搞了一兩萬字,纔把這個問題搞清楚。

下面,我們研究一下,提要要注意哪些問題。

第一條是書名。

1. 一書多名

通常情況下,一部書衹有一個名字。但是從目録學的角度來説,一書多名並不希奇,它表現爲以下幾種情況:

一是古書名有文與質的問題。有很多書,原來的書名是很質樸的,比如古代的子書,就用作者的名字作爲書名,《老子》、《莊子》、《列子》都是。後來,因爲《老子》這部書多半是講"道德",漢朝末年的邊韶做了一篇《老子銘》,裏面稱《老子》爲"道德之經",後人就稱它爲《道德經》。唐朝開元時候,唐玄宗忽然高興,下一道詔書,要尊敬道教的祖師爺,就把《莊子》稱爲《南華真經》,《列子》稱爲《沖虚真經》。這些書,原來的名字比較質,後來把它們改文了。

也有原來比較文的,後來改得質了。比如漢代劉安作了一本《淮南鴻烈》,現代學者劉文典研究《淮南子》的書就叫做《淮南鴻烈集解》,就是用的舊名字,但是《漢書·藝文志》上就稱之爲《淮南子》。再如漢朝有個游説之士,叫做蒯通,他寫了一部書,叫做《雋永》。這個名字有點廣告性質,顏師古解釋説:雋是肥肉,永是常常。"雋永",就是説你讀了我的書,好比經常在吃肥肉。可是劉歆在《七略》裏就稱爲《蒯子》五篇。

其次還有偏與全的問題。比如呂不韋著《呂氏春秋》,共分十二紀、八覽、六論,司馬遷在《報任少卿書》裏稱之爲《呂覽》:"不韋遷蜀,世傳《呂覽》。"還有,漢魏六朝的人經常以《離騷》的名稱代替《楚辭》,如《文選》中有一類,不叫《楚辭類》,卻叫《騷類》,把屈原、宋玉等人的作品放在裏面;《文心雕龍》有《辨騷篇》,實際是討論全部《楚辭》;晉人郭璞注《山海經》常常引用《楚辭》,但是他説"《離騷》曰",我們一找,這一句不在《離騷》,在《天問》裏面,或在《遠遊》裏面。這都是以偏代全。也有以全代偏的,本來是個通用的名稱,慢慢變成了專門名稱。最顯著的例子就是《史記》。漢朝人叫司馬遷的《史記》爲《太史公書》,而講到"史記"時,就是説"史官所記的",並不指司馬遷的書。但是到了東漢末年,這個通行的名字就歸到了司馬遷一個人的頭上。

還有一種情況是書名有删改。原來劉向有本書,叫做《世説》,這本書亡佚了,所以劉義慶做了一個《世説新書》,這個名字一直用到了晚唐,《酉陽雜俎》尚稱它爲《世説新書》。但是到了宋朝,不知怎麽地給改成了《世説新語》。還有,比如漢朝人的《風俗通義》、《白虎通德論》,到後來改稱爲《風俗通》、《白虎通》和《白虎通義》。《四庫全書總目提要》,有人叫《四庫全書總目》,有人叫《四庫提要》,最通行的是簡稱《提要》。

也有一種是"增改",即在書名上加幾個字。比如《詩》、《書》、《春秋》,後人爲了尊經,則稱之爲《詩經》、《書經》、《春秋經》。(後人還有稱《詩經》爲《葩經》的,因爲韓愈《進學解》裏講到"詩正而葩";稱《春秋》爲《麟經》,因爲孔子修《春秋》,絕筆於獲麟。)這都是一些增改的例子。

2.同書異名

這是指版本不同而主要内容相同的書。

例如初唐的王績,他的集子有一種叫《王無功集》,有的叫《東皋子集》。劉禹錫的集子,有的叫《劉夢得文集》,有的叫《劉賓客文集》《劉中山集》,内容基本上是一樣的。

有的人爲某書作注解,爲了與一般的本子相區別,往往起個很怪的名字。清人陳本禮,做了一本書,叫做《協律鈎玄》,初一看莫名其妙,打開一看,是李賀詩的注子——因爲李賀曾做過叫"協律郎"的官。

三十年代時我在南京國學圖書館看書,看到一本書叫《杜文貞公五言律注》,是杜甫的五律詩注,一查,原來杜甫曾被元朝的一個什麼皇帝封爲"杜文貞公"。

同書異名中還有一種情況是有意立異。這裏有政治上的原因,也有經濟上的原因。經濟上的原因,多半是因爲舊社會書店把一部舊書改一個名字,人家没有看到過,就來買,用這種辦法推銷書。比如"三言兩拍"裏的《喻世明言》,就是《古今小説》。後來出了《警世通言》《醒世恒言》之後,就把《古今小説》改成了《喻世明言》,合稱爲"三言"。中國是一個喜歡用數字表示概念的國家,明朝郎奎金刻了一部書,叫《五雅》,這是一部語言學叢書,其中有

《爾雅》、《釋名》、《小爾雅》、《廣雅》、《埤雅》。《釋名》"不雅"——沒有"雅"字,他就改稱爲《逸雅》。像這種情況是做生意的人爲了賺錢造成的,所以稱爲經濟上的原因。

也有由於政治原因的。宋朝有一部筆記考訂書,即吳曾的《能改齋漫録》,這部書新中國成立以後重新印過。吳曾是個很博學的人,他的考訂還是很有些道理的,但他政治上很糟糕,依附秦檜,聲名很臭。後來人要刻他的書,怎麽辦呢?就把書名改爲《復齋漫録》,而且把吳曾改爲王氏,連作者姓名都改了。夏衍同志翻譯高爾基的《母親》,原先題沈端先譯,國民黨一查一抓,《母親》查禁,不準出版,而葉聖陶主持的開明書店改爲夏衍譯,書名改爲《母》,照樣出版。

3.異書同名

比如《隋書·經籍志》記載的《晉書》、《晉紀》有許多家,反正祇要是紀傳體的就稱爲《晉書》,編年體的就稱爲《晉紀》。

又如《濂洛風雅》就有兩部書,一是元代金履祥做的,收在《金華叢書》裏;另一種是清代張伯行做的,收在《正誼堂叢書》裏。所以,不從目録上去考一下,你引用了這個《濂洛風雅》,他去查那個《濂洛風雅》,那就牛頭不對馬嘴了。

有些帶有共同性的名稱那就更多了,像《唐詩選》,明朝、清朝都有,一直到當代,上海師院馬茂元先生編了一部,中國科學院文學研究所又編了一本。像這種情況,使用目録時要考慮。

還有一種情況,兩人故意都用同一個書名字。最顯著的例子是元稹同白居易兩個好朋友,因出集子的時候,都在唐穆宗長慶年間,所以都稱爲《長慶集》:《元氏長慶集》、《白氏長慶集》。目錄學在新中國還是一個不發達的學問,很少人注意這件事。如果把古代出的書的書名,一直到現在出的書的書名分門別類,調查研究,都可以寫一篇博士論文。

以上講書名。

第二點講篇、卷。

篇、卷、本,是計算書籍起、訖的單位,這個單位確定的標準是什麼呢? 有兩個標準。一個是文字本身的標準,也就是它的意義的起訖。有句讀的文章有意義上的起訖,無句讀的文章也有起訖。章太炎把文章分爲兩類:一種叫有句讀文,構成我們現在的文章;一種叫無句讀文,譬如賬簿、目錄,它們本身一條一條,不成篇章,沒有語文結構,叫無句讀文。寫賬本也有意義上的起訖,如一天記一回,一個月結個總等,無論有句讀文或是無句讀文都有起訖。

第二個標準是這些意義所依附的物質的起訖。這些意義所依附的物質的開頭和結尾,那就是竹簡、帛、紙等。

這兩者可以統一,有時候也不能夠統一。內容、意義上的起訖是用書面文字來表達的。書面語言的長短是根據內容、意義的長短。意思短,文字就短;意思長,文字就長。還有一種情況是物質有限度,譬如竹簡,一般有六、七十條連在一起那就很長很長,帛書也不過是幾十丈,太長了捲起來也不方便。一本書的厚薄也有限,譬如《辭海》也不過一千多頁。文化進步了,人們更善於使用語言了,文字由簡到繁,人們使用語言的習慣由簡到難。古人用木板、竹簡寫字,都受到限制。這個限制也促使書籍物質的變化,就是由簡、板慢慢到卷子,卷子發展到紙,紙就裝訂成册,這樣向前發展。先用竹簡,就是篇;然後用帛,就是卷;紙是一本一本的,或稱爲册。這樣三個階段,在變遷當中,彼此之間發生了矛盾。因爲發生矛盾,不統一,所以,做目錄解題要注意這個問題。哪些矛盾呢?如果説一篇東西很短小,用竹簡穿起來衹有三條兩條,譬如《詩經·關雎》,每個竹簡二尺四寸長,一般寫二十幾個字,兩簡就寫完了,有的一簡就寫完了。這怎麼好保存呢?衹有多穿幾條纔好保存。意義單位短,物質單位長,所以要把好多以意義爲單位的單位,合成以物質爲單位的單位。如果内容非常豐富,哪怕有一個很長的卷子都寫不完,或者説七十幾條竹簡也弄不完,那怎麼辦呢?那就衹好用幾匹帛,或者用幾捆竹簡,或者幾本書來表達一個内容,所以這當中就發生了矛盾。譬如《漢書·藝文志》上,就已發現了這個問題,在記錄時已考慮這個問題,它記《詩經》28 卷,《詩經》三百篇,抄寫在 28 個卷子裏,一卷總要抄個 10 篇左右。

　　還有相反的情況,就是:意義的單位大,物質的單位小,那結果同一篇要分成好幾卷。例如《韓非子》有一篇分爲《難一》、《難二》、《難三》、《難四》,在這個主題之下,一卷寫不完要分成好幾卷。《孟子》原來有七篇,頭一篇《梁惠王》,趙岐做注解時把一篇分成上下，所以，現在十三經注和朱熹集注裏的《孟子》，七篇都被分成了十四篇。東漢桓譚做了一部《新論》，《後漢書》注裏曾引一條材料，説《新論》本來是十六篇，其中有幾篇太長，漢光武讀這部書時，下命令説：太長了，我不好捧在手上唸，給我把大的分成上下兩篇。所以，除了當中三篇短的没有分之外，其餘十三篇分成上下，這就變成了二十九篇。這是内容多了，要分上下。

以上講的是篇卷之間的矛盾，根據物質條件的進步，大體上講，篇是最短，卷一般地比篇要長，所以一卷可以容納幾篇，本又比卷大，所以一本可以容納幾卷。比如《四庫提要》，一般的刻本有好幾十本，商務印書館印它，《萬有文庫》裏印了四十本，另一種精裝本祇印了四本，解放後印的祇有一本。所以，編目録的人，或者説做解題的人，要對這些分合變遷關係適當注意。這樣便於讀者。

《文史通義》裏有個《篇卷篇》，提出：一般來説，篇是意義的單位，卷、册或本是物質的單位，最好把這兩個單位統一起來，用篇來作計算意義的單位，用册來作計算物質的單位，這樣比較方便。當然新出的書可以這樣做，舊的書可不好辦。木版書一般都有三級制，就是篇、卷、本。還有一種情況是意義單位有兩級，如錢鍾書先生的《管錐編》，四厚本，四本是物質單位，裏面是一部書一部書做的筆記（如開始就是《周易正義》），在一部書裏又有多少條，所以還是三級。

目録爲什麽要記録篇卷或者册數呢？一個是可以審查一部

書的完缺分合,看出這部書本身的變遷。還有一個,是可以根據篇卷書籍記録情況,看出歷代學術變遷盛衰。當然,這從書目上可以看出來,前面已經説過了;也可以從卷數上看出來,比如我們看《隋書·經籍志》史集,我們知道,從建安以後在文章的發展上,是由單筆走向復筆,也就是説由散文慢慢走向駢文。在史集裏有兩位最傑出的作家,一位是司馬遷,一位是班固。《史記》用單筆,《漢書》用復筆。因爲《漢書》用復筆,所以在漢魏六朝的時候,研究《漢書》的人超過研究《史記》的人數。那個時候,《漢書》研究得好,可以稱爲"漢聖"——研究《漢書》的聖人。可是没有哪個被稱爲"史聖"的,因而研究《史記》的就少。所以,把數字統計一下:書的品種,書的卷數,就可以看出那個時候的《漢書》學,超過於《史記》學。再比如:《新唐書·藝文志》記載李商隱的作品不多,但是《宋史·藝文志》裏記載李的著作卻很多。因爲《新唐書》的《志》是在北宋初年作的,李商隱的著作正是在這個時候被一些人提倡。例如西崑派。由於西崑派的提倡,李商隱過去許多不被人注意的著作都發出來流行了。《宋史·藝文志》上記載,可以肯定地説,這與宋朝初年提倡李商隱是一致的。由此可見,從卷數的多少可以看出學術的盛衰,當然卷數離不開書名,這裏是爲了敘述的方便纔把它們分開來説。

第三點是版本。

作目録、解題,爲什麽要注意版本?前面我們已經介紹了版本,這裏僅從目録裏爲什麽要記載版本這個角度説明。

　　宋人以前的目録書,編了目録以後一般不詳細注明版本。劉
向在校書的時候,提到"臣向書","臣參書"或者是"中書",這當然
也有版本的意思:我家的書拿來校了,另外一個臣子的書也拿來
校了,這好像有版本的意思。但是,這些書一般都是抄本,而且,
劉向用各種本子校過,搞出一個定本以後,其他各種本子也就消
滅了,所以它也不成其爲版本的問題。不過,談到版本的原始,可
以推到這一步。

　　真正目録書裏記録版本的,是從宋朝尤袤《遂初堂書目》起。
這個目録現在還在。尤袤是南宋范成大、陸游同時的人,那個時
候的書刻本很多,有重複的本子,他就在目録裏一一注明了,這可
以幫助我們確定選擇哪一種版本。有的目録還載明未刊本,知道
某個學者有某個書。以前學者沈炳震做過《兩唐書合抄》,然後趙
紹祖做過《兩唐書互證》。這兩部書雖然可以彼此對著看,但是都
沒有注子。如果有一部書有注子而又合在一起,那就更好了。清
朝末年的歷史學家王先謙有個《兩唐書合注》,這書的稿木聽説是
在商務印書館,我當學生的時候就開始等,一直等到現在,我頭髮
都完全白了,還沒有印出來,(殷注:王先謙的書曾交給瞿兑之校
過)再如楊守敬的《水經注》的注疏,直到解放後仍未出來。所以,
目録裏載明未刊本,人家可以找。

　　《四庫提要》是部好書。但是,它有個很大的缺點,就是不載
版本。它所謂的注版本是用劉向"臣向書"、"臣參書"、"中書"一
類的辦法:"江蘇巡撫採進本"、"浙江巡撫採進本"、"兵部侍郎紀

昀家藏本"等,祇講明那本書來的渠道,究竟是什麼本子,不知道,這就給後來學者增加了不少麻煩。當然,壞事也變成了好事,就有人乾脆來研究《四庫全書》的版本。《四庫提要》有兩百卷,要唸一遍很不大容易,拿在手上翻翻也不方便,所以當時就搞了一部《四庫簡明目録》。邵懿辰是個版本學家,他把每本書有些什麼刻本都寫在下面,搞了一輩子。他的孫子叫邵章,替他爺爺又補了許多,孫詒讓、繆荃孫,也都以他那個本子爲基礎,拼命往上補。後來這本書給整理出來了,叫做《四庫簡明目録標注》,最近上海還重印過。要知道一部書有些什麼刻本,就要利用這部書去查。這書還有個好處,就是它順便把十八世紀以後,比較重要的著作,在有關的那一頁底下,又做了某些補充,那個補充沒有提要,祇是書名。

除此之外,專門搞《四庫提要》版本的還有兩部書:一部是葉啟勛的《四庫全書目録版本考》,這個人就是做《書林清話》的葉德輝的侄兒,他的設想非常宏偉,他要把自古以來所有公私目録版本,按照《四庫全書》分類,集中在一起,像編一部版本大辭典那樣搞法。舊社會祇能一個人手工操作,他搞了一輩子,我疑心他沒有搞完,在《圖書館學季刊》和《金陵學報》上發表過一部分,沒有看到過全部。第二部是胡玉縉的《四庫提要補正》,它補的不完全是版本,但也補過一些版本。這部書因爲胡先生年紀大了,沒有完成,後來由他的一個學生,復旦大學教授王大隆整理出版了。

　　總的來説，書有異本，書有異同、好壞，書的目録裏注明版本，對讀者起作用。

　　第四點，序、跋和諸家考訂。

　　這部分是講各本的序、跋與諸家的考訂，在提要裏要適當採取。

　　首先説明一下序、跋（特别是序）同解題的關係。前面説過劉向每做一部書就寫一篇序，劉向做的那個序實際上是一身而兼二任焉。對本書來説，它是提要，或者叫解題。爲什麽會産生這個現象呢？那是因爲古代人整理、校訂書籍同編寫目録往往同時進行，一部一部書校訂好，做一篇序，然後再編寫目録，把序移作解題，這樣很方便，一直到十八世紀紀昀他們做《四庫全書》都還是這麽做的：他每部書都有個提要，擺在書的前面；所有提要集中在一起，就成了《四庫全書提要》。

　　但是後來校訂一部書，不一定同時編寫目録，所以編目録的人歸編目録，校訂某書的人歸校訂某書，這樣，某一部書的解題，同某一部書的序就没有必然的聯繫了。分離以後，那些做提要（解題）的目録學家，當他從事寫作的時候，也就必然要參考原書的序文和跋文。

　　除了序、跋以外，還有分散在各個不同書籍裏的有關材料。比如從唐朝起，一直到宋、清，讀書人都愛寫札記或者筆記。札記無所不談，其中就會談到某一部書，或者議論它的真偽、版本的好壞、作家的思想、某人的身世等等，這些材料都散在各種不同的書籍裏。它們都是寫作提要時的參考資料。

對於這些序、跋和各種有關材料的使用有兩種辦法:一種是把它熔鑄成一篇文章,像《四庫提要》那樣;一種是乾脆把原始材料都排在一起,或者還加上編者的按語,不去改動别人的文字。這種方法對於專家學者更方便。你想想看,一部很難看到的書各種版本,現在有個做目録的人,把各種重要的序、跋,各種重要的評語都抄在一起,這有多方便! 新中國成立後,對許多古典文學(問題)都搞了資料彙編。最初是北京師範大學,搞了個陶淵明的資料彙編;以後北大也搞了一個,分爲上、下卷;後來陳友琴又搞了個白居易的,一直到現在都還在出,很有用處。

我國古代的有些目録受佛教目録的影響很大。梁代有個僧祐和尚,他有一本講佛經的《出三藏記集》。這部書一共十五卷,其中從第六卷到第十二卷都是選的各經序文。唐朝和尚道宣編《大唐内典録》、智昇編《開元釋教録》也都用這個辦法。因爲佛經翻譯過來,譯師要做序介紹,他們把序、跋抄在裏面,使别人看到後大致瞭解這部書。到了宋朝,世俗的目録學家也注意到了這個問題。宋晁公武《郡齋讀書志》、陳振孫《直齋書録解題》都已注意使用序、跋和其他本子的有關材料了。

大規模採用這個方法是在元朝。馬端臨的《文獻通考》裏的《經籍考》,把晁公武、陳振孫的話全部都引用進去了。到了清朝,朱彝尊的《經義考》,謝啟昆的《小學考》,都輯了原序及各家考訂。清末,姚振宗寫了兩本書,一本是《漢書·藝文志條理》,一本是

《隋書·經籍志考證》。《漢書·藝文志》成於東漢,《隋書·經籍志》成於初唐。姚振宗採用各家史傳序跋考證的材料替它們作注,有了這兩本書,研究唐以前的書就方便了,而且他們使用的材料都比較原始,也比較謹慎。

最後講一講孫詒讓。孫詒讓,號仲容,做過《墨子閒詁》。最早研究甲骨文的,也是一個很好的目録學家。他做了一部《温州經籍志》,研究地方文獻目録,從古到今凡是屬於温州人的著作,他都注意。他在《温州經籍志》裏有這樣一段話:

> 中壘(劉向的官名)校書,是有《别録》,釋名辨類,厥體綦詳。後世公私書録,率有解題,自汳宋(即北宋)之《崇文》,逮熙朝(指清朝)之《四庫》,目誦所及,殆數十家,大都縣簡攸殊,而軌轍不異。至於篇題之下,骎(音擬,盛貌)逯序跋,目録之外,採證群書,《通考》經籍一門,實創兹例。朱氏《經義考》祖述馬書,益恢郛郭,觀其擇撢群藝,研覈臧否,信校讎之總匯,考鏡之淵概也。

總的來說,作目録提要,必須注意到各種本子的序、跋以及其他各種材料,這樣可以使讀者的知識面更加廣闊一些。

第五點是存佚。

書在流通過程中有一個存在不存在的問題。如果運用中華書局出的目録當然不存在這個問題,但是如果是某個圖書館的目録就有存佚的問題。譬如有一部書,"文革"時打仗打掉了,丟失了,或是被人家借去不還回來了,卡片上雖然有書名,但實際上庫裏没有書。特别是通紀性的目録,即從古代到現代,不限於一時一地這樣的目録,就更有一個存佚的問題。因爲祇有注明存佚,纔可以看出典籍的聚散情况:什麽時候國家興盛典籍就存在;什麽時候國家亂了,典籍就散了;哪些書由於學術的昌盛而保存,哪些書由於學術的不昌盛,或者由於某種政治原因而亡佚。譬如説先秦的顯學是儒家和墨家("四人幫"講儒法鬥争,實際上先秦儒法鬥争不重要,儒墨鬥争纔是重要的),漢武帝獨尊儒術,罷黜百家以後,儒家的著作越來越多,而墨家的東西慢慢地消亡了。所以,亡佚可以看出學術的盛衰。

怎樣來定存佚呢?目録學上有一個四柱法:存、佚(亡)、闕(殘)、未見。所謂存,就是説書存在,没問題;所謂佚,就是説書没有了;闕是説書還在,但缺了一部分。比如《文心雕龍》中的《隱秀篇》缺了(但也有人説現存的《隱秀篇》是真的,如果是真的那就不缺)。闕(或者説殘)又有兩種情况:一種是書已經著成,但有一部分稿本在流傳中散佚了,目録學上所講的是這種情况;還有一種情况,就是書本身没有做完,就完成的這一部分來説,已經完全印出來了。譬如胡適,他做了一部《中國哲學史大綱》的上卷,又做了一部《白話文學史》上卷。所以,那時候人們諷刺胡適,説他專門做上卷書。這種情况我們要考慮,但不是我們目録學所要注意的問題。

不好辦的是"佚"同"未見"。究竟是有這個書我們没有看到呢,還是這個書真正没有了呢? 我們可以舉一些例子:譬如章學誠相傳做過一部《史籍考》,當時有一個學者叫畢沅,向他提供了物質幫助,他同時的許多人也曾看到過他的稿子。三十年代我們唸書的時候,盛傳這部書稿被美國人買去了,在國會圖書館還是在哪裏。後來,一直到姚名達《中國目録學史》重版,王重民先生寫了一段材料説,這部書已經毀於火災。

范曄《後漢書》以前有個謝承的《後漢書》。謝承的《後漢書》在明末清初傅山、全祖望這些人的著作裏還被提到過。但是,三百年來没有發現謝承的《後漢書》,很多人以爲其書已經佚亡了,是不是真的佚亡了呢? 很難説。我們舉一個反證:明朝有個研究杜詩的專家叫王嗣奭,他做了一部書叫《杜臆》,仇兆鰲的《杜詩詳注》引用了許多,大家都希望得到它,但是很多研究杜詩的人都没有看到過。中華人民共和國成立以後,國運昌隆,這本書出現了,先印了影印本,後又印了排印本。所以説,"佚"同"未見"比較難區别。

孫詒讓在《温州經籍志》裏,大致劃分了一個時間,説二百多年大家都不提起就算它亡佚了,這也很難説。

《隋書·經籍志》裏常有這樣的注:"梁有今亡。"這個"梁"是指梁阮孝緒的《七録》,因爲做《隋書·經籍志》時,《七録》還存在,他根據國家圖書館的藏書來編目録,然後用《七録》來對比、標明:梁朝有這個書,現在没有了。它裏面提到哪些書殘了的,亡佚了的,未成的,都有記載。

張之洞《書目答問》裏有一條説:應當把當代人已經做好、但無刻本的書也登在目録上,爲什麼呢? 他説:一、你知道書名,如果急切需要就可以傳抄,拿現在的辦法就是複製一份;二、如果是有錢的人願意從事文化事業,就可以把它刻出來,用現在的話説,就是介紹給出版社出版。

第六點,真僞。

這一點和其他項目不同,不是每部書都有的。

書分成真僞,從劉向校書就開始發現這個問題了。幾千年來,一直到顧頡剛先生寫《古史辨》,辨僞在中國學術上逐漸成爲一個專門的學問。因爲文化積累的時間長,古書中作僞的情況也比較多,從目録學的角度説,我們閲讀和寫作提要時要考慮這個問題。

《漢書·藝文志》中記載有《文子》九篇,下面有個小注解,説文子是老子的弟子,與孔子並時,相傳孔子問禮於老子,老子是孔子的前輩。老子的學生當然就與孔子是一輩。接著它又説:"而稱周平王",書中提到周平王曾經請教過文子。這裏面就發生了一個矛盾:周平王是東遷的第一個王,是東周開始時的人,而孔子是春秋末年的人,魯哀公時的人。如果文子同孔子同時,那麼周平王就不可能去問他。所以,最後下了一個結論:"似擬託也。"像這樣的例子在《漢書·藝文志》裏還可以找到一些。

到了東晉時,有一個非常著名的和尚叫道安,他做了一個《綜理衆經目録》,其中有一卷是《疑經録》。梁僧祐《出三藏記集》裏也有一部分是《疑經僞撰雜録》。佛教最初傳進中國,主要是翻譯印度的佛教經典,這裏就有兩個問題:一個是翻譯靠得住靠不住。是否有僞造的東西;一個是印度本身的經典是否真正代表佛教。再加上佛教與道教的鬥爭,他們爲了宗教鬥爭的需要,常常造假。比如説佛教勢力很大了,道教就想出一個巧妙的辦法,僞造一個《老子化胡經》,説老子跑到印度去傳教過,所以佛教是道教的後代。作爲一個虔誠的教徒,他是不允許僞造的。這些東西對我們古典目録學也有影響。唐朝的一些學者對辨僞就比較注意,如劉知幾的《史通》,還有柳宗元文集,其中就有辨僞的文章,如《辨列子》、《辨鶡冠子》、《非國語》等等,一方面辨這部書靠得住靠不住,另一方面也辨"義"(道理)説得對不對。

　　到了明朝,就出現了專門辨僞的書,那就不僅是辨一部、兩部,而是把幾十部書分經、史、子、集,分類作了一些考訂,如胡應麟的《四部正訛》,可以説是比較早的辨僞目録。

　　清朝人姚際恒曾作《古今僞書考》,可是以前東南大學的顧實又作了《重考古今僞書考》,翻姚的案。後來,我的老師黃雲眉先生又作了《古今僞書考補正》,支持姚的論點。經過反覆辨論後,許多問題明確了。以後搜集比較完備的是張心澂的《僞書通考》。張先生的書比較廣博、面寬,黃先生的書比較精,論斷謹嚴、可靠,兩部書各有異同。

　　至於就一部書辨僞,最大公案是《古文尚書》。從清初閻若璩作《古文尚書疏證》,後來毛奇齡作《古文尚書冤詞》,要翻案、申訴,以後又有人反駁,現在《古文尚書》是假的,已成定論。

辨偽是要確定怎樣使用文獻,確定文獻價值,並不是說要把一部書一棍子打死。所謂"偽",是指它不是這個時代的書卻硬說它是這個時代的,或者說不是某甲的書卻硬要說成是某甲的。作者有偽,時代有偽,但並不是說這部書沒有用。假定現在證明,一部書不是漢朝的,經過考訂,時代移後了;或者一篇文章經過考訂證明,不是某人的作品,並且找出了原來的作者,還找出了其中的原因,那麼這個文獻照樣有用。比如《列子》一書,說是周穆王時候的,這個說法不可靠,馬敍倫先生《列子偽書考》所論最詳,前面已經說過了。再舉一個文學方面的例子。唐朝有一篇小說叫《周秦行紀》,汪辟疆先生的《唐人小說》曾選入。這篇小說的文學價值不高,故事非常荒唐。作者託名爲牛僧孺。大家都知道,牛僧孺是中唐時期兩個對立的政治派別中的一個派別的領袖,即牛黨的領袖,另一個是李黨(近代也有學者如岑仲勉認爲不存在兩黨)。小說是以牛僧孺第一人稱寫的,寫他走過一個地方投宿,這個地方是一個古代太后住的房間。於是這個太后就找了許多歷史上著名的妃子陪他喝酒。當中插了一段話:"當今天子怎麼樣啊?"他說:"民間傳聖武。"於是他利用書中前一太后的口講出這樣一句話:"沈婆兒作天子也。"這話當然是對上的不恭敬。就是這樣一部小說。李德裕後來立刻作了一篇文章——《周秦行紀論》,指責牛僧孺居然敢說"沈婆兒作天子也",居然在睡夢中同這些前代的后妃發生不正當的關係,這簡直是無理於人君,罪該萬死。後來經過考證,原來這篇東西是李德裕的門人韋瓘寫的,嫁名於牛僧孺,它實際上是一個誣陷政敵的東西,它在文學史上提供了一個利用文學反對政敵的例子("利用小説進行反黨,是一大發明",我看利用小説反對政敵就很早),可以做爲唐代黨争史的資料,説明政敵的鬥争到了不擇手段的地步。

下面講一講胡應麟在《四部正訛》中提到的幾種檢查僞書的方法:

> (1)覈之《七略》以觀其源,覈之群志以觀其緒;
> (2)覈之並世之言以觀其稱,覈之異世之言以觀其述;
> (3)覈之文以觀其體;
> (4)覈之事以觀其時;
> (5)覈之撰者以觀其托;
> (6)覈之傳者以觀其人。

胡應麟一共舉了八條,我把它併成六條。第一條是將先秦的古書,劉向、劉歆校書時都看過,這裏《七略》實際上是指《漢書·藝文志》。所謂"群志"是指《漢書·藝文志》以後歷史書上的目録,如《隋書·經籍志》等。"緒"就是源流。這就是説,要辨一部書的真僞,先看歷史上有没有記載。當然,這也是相對的,有時需要幾種辦法一起用,光用這一條不大靠得住,比如《漢書·藝文志》載了很多古書,但是並没有把先秦所有的古書都記載下來,姚振宗《漢書藝文志拾補》就補了很多條,馬王堆出土的縱横家的書、十大經等等,《漢書·藝文志》裏也没有記載。但是,查一查目録是必要的。

第二條是看和它同時的有没有人提到它,在它以後的有没有人提到它,用現在的話來説,就是查查人事關係、思想傳統和繼承系統,因爲一個作者、一部書,總有一定的社會聯繫。

第三條牽涉一個現在研究古典文學非常需要掌握而又相對地缺乏(薄弱)的問題。拿現在的術語講,就是要瞭解風格學。這裏的"體",主要不是指文體,而是《文心雕龍·體性篇》的那個"體",即風格。

作家風格,歷來不一。比如我們看宋詩,王禹偁學白居易,黄山谷在某些方面學杜甫,蘇東坡的詩早年很像劉禹錫、晚年學陶淵明,等等。這些都是從風格上説的。

風格是指一個人講話的聲音、相貌、走路的姿態,形成一個總的印象,即"風格就是人"。這一點很能辨别人的差異,蘇東坡看到《文選》上《李陵答蘇武書》,説:"此齊梁間小兒語。"蘇東坡並不是做很科學的分析,説明他書讀多了,一看就能分辨。如果對"體"比較生疏,就很像一個鄉下人到城裏來,看到外國人的臉都一樣。但是如果混熟了,每一個外國人也都不一樣。看到好的東西要有審美的眼睛和知音的耳朵。我就很缺乏知音的耳朵。一九二八年我到南京來,完全是個鄉巴佬,去聽基督教的聖樂,聽過之後,他們問我有何感想,我説,很像一些磚頭瓦片擺在洋鐵桶裏,咚咚咚地響。因爲那時我一點也不懂它的風格,聽音樂、看畫、看雕塑,外行看不懂,内行可以看出許多東西。這在很大程度上是由於是否有風格學的知識。掌握風格學就是要多讀,多認識它的面貌。

第四條是看書中寫的什麼内容。如果書中所寫的事情與它的時代不合,那就是作僞,如前面提到的《漢書・藝文志》上講《文子》一書的例子。

第五條是講僞造的書依託在什麼人身上——如《周秦行紀》爲什麼要依託在牛僧孺身上,它的動機在哪裏。

第六條是講流傳下來的人是不是靠得住。歷史上有許多人專門造假古董,比如有的人僞造古代青銅器上的字。古時候,鐘鼎出土以後,有許多上面並没有字,如果有字,價錢就會高十倍二十倍。清朝以及民國初年時,專門有一些人用很便宜的價錢買進古器(古器是真的),他就根據古書,七拼八湊(他自己也懂一點文字學),弄成一篇,慢慢地刻上去,那價錢就不得了。學者們要花很多時間去揭發。我的老師商承祚先生專門寫過一篇文章《古代彝器僞字研究》。後來又寫了一個《補篇》,分别發表在《金陵學報》(三卷二期)、《考古社刊》(第五期)上。有個僞造大王叫鳳眼張,作僞技術很高,商先生就專門同他作戰。因此,如果古器是從鳳眼張那裏賣出來的,趁早不要買,因爲這個鳳眼張靠不住。

總之,辨僞是個很複雜的工作,大家可以看看黄雲眉先生和張心澂先生的書。

以上都是講書。

第七點,作者。

首先要注意作者的生平。

根據現存劉向的《別録》,我們可以看出劉向敘述作者的生平有三個辦法:

1. 徵史

劉向作目録時,正式的歷史書祇有一部,就是《史記》。如果《史記》上有傳,他就不重做了,而直接把《史記》中有關的傳記抄進《別録》,如《韓非子》的書目,完全用《史記》的《韓非子列傳》。

2. 補傳

如果司馬遷記載不詳,不合他的要求,或者這部書出於司馬遷之後,那他就另外找些材料自己補寫。

3. 辨誤

有些材料提到作者的生平有錯誤,劉向遇到這種情況,就特別提出來辨正一下,以免後人用錯了。如《鄧析子書録》就有這種情況。先秦子書中,《荀子》、《呂氏春秋》都記載鄭國的子產殺死了鄧析子,而劉向找到另外一些材料證明鄧析是在子產死後二十多年纔死的。那就是說,鄧析不是子產殺的,所以,《別録》裏就特地辨明這一點。

其次是要注意作者的時代。這是因爲古代常有這種情況:知道了作者的名字不一定知道他是哪個時代的。而且,如果僅僅知道一個名字,而對其他詳細情況都不清楚,那麼,在這個意義上,同時也祇是在這個意義上,推定一部古書的時代往往比確定它的作者更爲重要些。因爲確定了一部書的時代,就可以瞭解它整個思想,比如僞書《列子》,擺在魏晉時期就能夠發揮它的作用;而僅僅確定了一部書的作者,卻對作者的生平搞不清楚,那還不能解決問題。

一般地説,一部書能夠確定其時代。如果碰到特殊情況,上面講的就顯得重要了。我們可以舉一個大家最熟悉的例子:《古詩十九首》,現在多數人肯定是東漢末年的作品,但是,得出這個結論是經過長期鬥爭的。《玉臺新詠》裏講,其中《西北有高樓》等九首是枚乘的作品。李善注據詩中"玉衡指孟冬"一句,説祇有漢朝初年以十月爲歲首("玉衡"是北斗星中的一顆星,"孟冬",按曆法指十月),那麼這首詩就是西漢的作品了。後來,有人發現了問題,認爲"孟冬"指一天二十四小時,西北角的方向,不是指月份。"玉衡指孟冬"是指半夜裏玉衡指西北方位。這是由勞榦(後來跑到臺灣去了)和金克木首先注意的。這個問題解決以後,那"枚乘説"就很容易駁倒了,然後纔確定了《古詩十九首》相對穩定的時代。現在把《十九首》擺在黃巾起義前夕,建安以前,這樣,既合於文學史的發展(由歌謡到文人詩,由《十九首》開拓建安),詩中所反映的感情也能得到合理的解釋(如"何不策高足,先據要路津"之類非常憤嫉的話顯然與《詩經》中温柔敦厚的話不同,它祇能出現在比較黑暗的時代)。又如被蘇東坡鄙爲"齊梁間小兒語"的《李陵答蘇武書》,章學誠説,這封信一定是出現在南北朝時候,因爲當時許多南朝人被抓到北朝去，想到古人類似的情況，心裏很悲憤，就模仿李陵給蘇武寫信。這種社會現象很多，從風格上看，這封信還沒有完全駢化，但已相當整齊，復筆用得非常多，這顯然是出現在南北分隔而又有某種程度的交往情況下。另外，蘇武既在胡中，彼此相會，以後再分開，蘇武顯然知道李陵的許多情況，而信中卻又非常詳細地説明整個過程，這也是不合情理的。這也證明這封信是後人的追擬之作。因此，這封信既可以確定其寫作時代不是西漢，又可以説明一種文學現象。這種文學現象如果想開一點，可以同另外一些情況，如庾信的詩或《哀江南賦》、丘遲的《與陳伯之書》聯繫上。晚唐有一個詩人做了一首詩，非常有趣，他説："負罪將軍在北朝，秦淮芳草綠迢迢。高臺愛妾魂銷盡，憑仗丘遲爲一招。"這首詩會小題大做，陳伯之回來牽涉兩個政權的鬥爭，而他卻歸終到"高臺愛妾魂銷盡"。我經常講，判斷一部作品，不能完全靠目錄學，還要瞭解作品所處的具體時代，還要瞭解不太詳盡的個人身世。

最後，寫解題還要注意作者的學術。對哲學家講，是學術，對文學家講，是指文學的藝術風格。在一個很短的解題中，對一個作者的學術以及文學技巧要能概括地描寫，那是不容易的。這牽涉兩個方面：一方面是你對於這一本書以及作者、時代理解的程度，一方面是你的態度是不是公正，是不是"一分爲二"，是不是能"愛而知其惡，憎而知其善"。就這一點來説，《四庫提要》有較大的偏差，因爲紀昀是一個主張漢學的人，他對宋儒很有些偏見，至少從他十八世紀上看有偏見(我們今天批判宋儒,是站在馬列主義立場上,那是另外一回事)。《四庫提要》凡是敍述到宋儒的書總是微文刺譏。晁公武的《郡齋讀書志》對於王安石也是很有意見,往往不能很公平地對待,這種情況不好。《荀子·正名》上説:"以仁心説,以學心聽,以公心辨。"《大略》上説:"是非疑,則度之以遠事,驗之以近物,參之以平心。"這些話遠離我們兩千多年了,但至今還很有用。我們的道德情操、學術怎樣向前發展,這幾句話總結得很好,它是最早的辯證的提法。我覺得做學問應該這樣,做人也應該這樣,這是很好的格言。

第四節　目録類例的沿革

章學誠把目録學的作用提得很高,他提出的口號是——"辨章學術,考鏡源流,學術之宗,明道之要。""辨章學術"是橫斷面,"考鏡源流"是縱斷面。有了目録就可以看出學術的派別,用他的話來説,就是"即類求書,因書究學"。對章學誠的話,我們的態度是又讚成又不完全讚成。我們通過目録學的分類,可以知道學術發展的情況,這是一方面;但是另一方面,也不能把它看得絶對化。章學誠非常鄙薄把目録學當作一個賬簿,但他忘記了目録的最初起源就是一個書賬。如果書賬排列得好,按照學術分類,再加上序例、解題,可以幫助別人研究學術。就它的物質基礎本身來説,它是一個書籍的賬本,但由於它組織得好,可以把學術源流寄託在它身上。比如《易經》,講事物變化的哲學比較完整,最初是卜卦的東西,叫"蓍"和"龜"。但是,由於八卦的排列裏面有許多規律可以摸索,所以,人們就把"變易"、"不易"、"簡易"附上去。因此,説它具有豐富的哲學意義也可以,但説它不是卜卦,不是迷信,那又不行。比較低級的賬簿式的目録同比較高級的目録,也是這樣一種關係。古代就有許多書目很簡單,如明朝的《文淵閣書目》根本不分類,衹是按千字文排列。

我們説不能把目録作用絶對化,還有這樣一個原因:就是學術的體系與書籍的内容常常發生矛盾。就學術來説,世界上没有一種把什麽都包含進去的學術。從總的方面看,學術可以概括爲三類:哲學、自然科學和社會科學。但是細分起來,每一門學術又都是獨立的,而寫書的人卻衹是隨便地寫。所以,世界上没有包羅萬象的學問,但是有把各種學問匯集在一起的書。要把書籍和學問完全統一起來是不容易的。

此外,讀書家與藏書家的目録類例也應有所區別。藏書家的目録必須與實際藏書相對應,而讀書人爲了個人學習的需要所作的目録却往往與實際藏書不相一致。

下面講由《七略》到《四部》的分類。

劉歆《七略》(《漢書·藝文志》)類例:

1. 輯略(即全書總論)
2. 六藝略 ①易 ②書 ③詩 ④禮 ⑤樂

⑥春秋　⑦論語　⑧孝經　⑨小學

　　按:書籍的分類受當時學術指導思想的影響。因爲
劉歆自己是屬儒家,他編這個書目又是漢武帝罷黜百
家、獨尊儒術以後,他當然就把孔子學派的經書擺在前
面。《易》、《書》、《詩》、《禮》、《樂》(是樂譜,没有專門的
經)、《春秋》,合稱《六經》。《論語》、《孝經》、《小學》三種
是傳。凡是經孔子編纂過的都是"經","傳"是孔子的弟
子、門人所記載的(還有當時一般學校的課本),兩者的
地位不同,傳衹能附在經後面。《六藝略》事實上代表了
孔子學派,或者説與孔子有關聯的學術。

　　3.諸子略　①儒家　②道家　③陰陽家　④法家
⑤名家　⑥墨家　⑦縱横家　⑧雜家　⑨農家
⑩小説家

　　按:儒家指孔子以外的,如孟子、荀子等。劉歆認爲
小説家不足道,古代小説的概念與我們現在的概念不一
樣,内容很雜,大家可以從魯迅的《古小説鈎沉》裏看
出來。

　　4.詩賦略　①屈賦之屬　②陸賦之屬　③荀賦之
屬　④雜賦　⑤歌詩
　　按:詩衹有一類,賦有四類。屈原和荀卿的賦現在

還存在,陸賈的賦今已不存。怎樣分類,我以前曾寫過一篇小文説明過。

5. 兵書略　①兵權謀　②兵形勢　③兵陰陽　④兵技巧

按:“兵權謀”大約相當於我們現在的戰略研究,“兵形勢”相當於戰術研究,“兵陰陽”是講練兵、擺陣時祈禱鬼神的事,“兵技巧”就是軍事方面的科學技術。

6. 數術略　①天文　②曆譜　③五行　④蓍龜　⑤雜占　⑥形法

按:古人常把科學與迷信混在一起。

7. 方技略　①醫經　②經方　③房中　④神仙

按:“方技”主要指醫學,“醫經”講醫學的原理,“經方”講具體的方子。

《七略》的分類是中國最早的分類,採用六分法。“略”下有“種”——一個略裏最多有十種,如《諸子略》;最少有四種,如《方技略》——“種”下又分“家”,一部書就是一家。爲什麽稱“家”?《詩經・周頌・桓》疏:“家者,承世之詞。”古人講,能夠繼承下去的叫家學,而不稱爲一部書。《七略》共六略,三十八種,六百三家,一萬三千二百六十九卷。《漢志》班固自注:"入三家,五十篇,省兵十家。"故《漢志》實爲五百九十六家。班固所説的"入三家",即劉向、楊雄、杜林三家。"五十篇",即《書》入劉向《稽疑》一篇,小學入楊雄、杜林二家三篇。儒家入楊雄三十八篇,賦入楊雄八篇。

爲什麼要分成六類呢? 有這幾個原因:

第一,學術有不同。比如《六藝略》指王官之學。《諸子略》指各人著的以及他那個學派共同著的書,兵書、數術、方技也各有不同。

第二,校書有分職。《漢書·藝文志》總序説:"步兵校尉任宏校兵書,太史令尹咸校數術,侍醫李柱國校方技。"當時,劉向相當於主編,他自己懂的東西歸他校,所以他校經傳、諸子、詩賦;任宏是一個軍事家,他就校兵書,歷史學家尹咸校數術,皇帝的醫生李柱國校方技。

第三,篇卷的多寡不同。分類的配搭與當時書籍的多少有關係,也就是説,書目不得不受書籍實物的影響,比如説史書,最古的史書是《春秋》,根據學術源流,歷史書都歸附《春秋》,司馬遷的《太史公書》就在《六藝略》"春秋家"後面;另外一方面,屈原的賦以及後來漢代的詩歌,根據學術源流,應該在《詩經》後面,爲什麼又另外列一個《詩賦略》呢? 就是因爲詩賦太多,没法擺在《詩經》後面,所以乾脆另外分一類。

《七略》這種目録的好處有三點。第一,它包括了當時所有的學術。第二,它有比較嚴密的分類系統,通過分類能夠反映學術的變遷,橫的可以看出學術的異同,縱的可以看出學術的發展,這就給古典目録學樹立了一個榜樣。第三,分類不同時採用體(書籍組織的形態)與義(書籍包涵的内容)兩個標準,全書皆以義爲準。後來的目録在這點上往往不統一,如《四庫提要》的《集部》:《楚辭類》、《別集類》、《總集類》、《詞曲類》、《詩文評類》。其中《楚辭類》、《詞曲類》是按義分,《別集類》、《總集類》、《詩文評類》又是按體分,體與義同時用,這在邏輯上是不允許的,而《七略》全部是以義爲準。

《七略》和《漢書‧藝文志》之後,魏時的鄭默,作了一個目録的書叫《中經》,也是一個國家的藏書目。但是,這個《中經》是怎麼分類的,没有材料流傳下來。

西晉的荀勗根據《中經》編了一個目録,叫做《中經新簿》,分甲、乙、丙、丁四部,每一部裏又講收哪些書。

這裏要解釋一下甲、乙、丙、丁的含義。古代人發明了干支,十干十二支相配合,用來紀年月日。所以,甲、乙、丙、丁有時具有與數字同等的概念,與一、二、三、四一樣。許多事物,如果:一、無固定名稱;二、不想給它一個固定的名稱;三、原來的名稱遺失掉了,在這樣一些情況下,往往就用甲、乙、丙、丁來代替。比如高中分三個班:甲班、乙班、丙班。魯迅先生雜文裏寫兩個人對話,一個叫 A,一個叫 B,同甲、乙是一樣的。《漢書》裏也常有這樣的記載,講到某人稱"某甲",比如侮辱韓安國的獄吏叫"田甲",這不一定是他的名字叫"甲"，而是祇曉得他姓田，不曉得他的名字了。話本小説裏《杜十娘怒沉百寶箱》，男主人公叫"李甲"，不一定是名字叫"甲"。這裏把書分成甲、乙、丙、丁四類，就是没有固定的名稱，因爲那時國家藏書的目録是根據實際藏書的情況，也許是四間房子，也許是四幢房子，就這樣分成甲、乙、丙、丁。

《中經新簿》類例如下：

1. 甲部　　紀六藝及小學。
2. 乙部　　有古諸子家、近世子家、兵書、兵家、術數。
3. 丙部　　有史記、舊事、皇覽簿、雜事。
4. 丁部　　有詩賦、圖讚、汲冢書。

甲部就是《七略》中的《六藝略》，即後世經部。

乙部合《七略》中的諸子、兵書、數術等爲一，即後世子部。所以這樣合併，主要是因爲這些書少了。古諸子家即先秦諸子，後來的一些子書則爲近世子家。其所以將子書析爲兩類，是因爲兩者多少有些不同。周秦時的子書，彼此間的界限比較分明，稍微有點不分明的就叫雜家，如《吕氏春秋》。而後代子書多數産生於漢武帝獨尊儒術、罷黜百家之後，所以往往以儒家爲主，雖然也參雜著某些其他思想，但總是有些偏重，比如《抱朴子》，《内篇》是儒家，《外篇》是道家，事實上還是以儒家爲主。有些子書很像後來的文集，和先秦子書不一樣，所以，後來張之洞的《書目答問》也採取了這個辦法,將兩者分列。下面把兵書和兵家分爲兩類,不知道怎麽分法,爲什麽要分成兩類。術數可能包括《七略》和《漢書・藝文志》裏的數術、方技兩類,因爲從《中經新簿》往後,一般都不提到方技,祇提數術。

丙部以史籍爲主,自《七略・六藝略・春秋家》析出,即後世史部之先河。"史記"即歷代的史書;"舊事",據《隋書・經籍志》的解釋,就是"品式章程",就是禮儀、法規,各種規則、各種辦事條例之類;"皇覽簿"是個類書,相傳這部書很大,有六百八十卷,也擺在史部裏面;"雜事"就是一些雜事。

丁部以文籍爲主,即後世集部之先河。魏晉以來有一個風氣,像《山海經》這樣一些書,一方面有圖,一方面在後面用詩來讚美它,合在一起叫"圖讚"。"汲冢書"是新出來的一批文物,内容比較複雜,没有地方擱,暫時就這樣擺著。

從這個分類法可以看出兩點:第一,書少了就合併,書多了就單獨成爲一類,如果分類有實物爲基礎,有藏書,就一定要考慮這個問題。第二,凡是新出的書,還很難確定它的位置,那往往就暫時擱一擱。

五胡亂華時,漢民族的西晉政權滅亡了,書散亂得很厲害,據歷史記載,祇剩下三千多卷。東晉元帝時有個李充,阮孝緒《七録序》上說,他"因荀勖四部之法,而换其乙丙之書,没略衆篇之名,總以甲乙爲次。"荀勖分類的次序是經子史集,而李充"换其乙丙之書",把史和子顛倒了一下,和後來的經史子集順序一樣。史和

子的顛倒是由李充開始的。"没略衆篇之名,總以甲乙爲次",是
説下面的小類就不分了,就分成甲乙丙丁,即經史子集四部。由
《七略》變成《四部》,主要是史書、文籍的增加。到六朝時,道教和
佛教的書也增多了;另外一方面,古代諸子書消亡了,方技、數術
這些書也不發達。

南齊時有個王儉,作了個目録叫《七志》,其類例如下:

　　1. 經典志　紀六藝、小學、史記、雜傳

　　2. 諸子志　紀古今諸子

　　3. 文翰志　紀詩賦

　　4. 軍書志　紀兵書

　　5. 陰陽志　紀陰陽圖緯

　　6. 術藝志　紀方技

　　7. 圖譜志　紀地域及圖書

　　附録:①缺書　②道經　③佛經

《七志》的分法基本上恢復了《漢書·藝文志》的舊面目,也就
是恢復《七略》的舊面目。稍微有些變動。它名爲《七志》,實則十
分。前六項與《七略》的六類完全相同,祇是名稱不同,還有一點
不同是它把圖譜單獨成一類,又加了三個附録。

宋人鄭樵非常支持把圖譜獨立的做法,他在《通志·圖譜
略·索象篇》裏説:

　　古之學者，爲學有要，置圖於左，置書於右，索象於圖，索理於書，故人亦易爲學，學亦易爲功，舉而措之，如執左契。後之學者，離圖即書，尚辭務説，故人亦難爲學，學亦難爲功。雖平日胸中有千章萬卷，及置之行事之間，則茫茫然不知所向……漢初，典籍無紀，劉氏創意，總括群書，分爲七略，祇收書，不收圖，藝文之目，遞相因習……後之人將慕劉班之不暇，故圖消而書日盛。惟任宏校兵書，一類分爲四種，有書五十三家，有圖四十三卷，載在《七略》，猶異於他。宋齊之間，群書失次，王儉於是作《七志》以爲之紀，六志收書，一志專收圖譜，謂之《圖譜志》，不意末學而有此作也。

　　"索象於圖，索理於書"，就是説從圖上得到形象，從書裏得到道理。"執左契"就是説總是站在有利的地位(古人借債，將債券分爲兩半，債務人執右半，債權人執左半，謂之"左契"，或稱"左券")。鄭樵稱讚説：沒想到在那個學術衰微的時候，有一位目録學家卻做了這樣一件事！

　　鄭樵的話也要一分爲二，他强調注重圖是對的，但是，他沒有考慮到，第一，並不是所有的書都能配上圖的，如哲學書之類，詩、賦、文章也難畫成圖；第二，圖和書又是不能分割的，它們統一在一個主題之下，比如一本植物分類學，裏面用文字講道理，然後插圖。所以，鄭樵强調用圖，强調得過分了。王儉注意到這個問題，對後來的科學技術來説,還是很重要的。

另外,王儉還分別了存和佚,就是從《經典志》到《圖譜志》裏面的書,都是存的;還有許多書,是當時南齊國家圖書館裏没有的。還附了一個缺書目録,這很了不起。我們常常想買到一些書,但没有買著,就用小本子記下來,這是個人缺書目録。這件事對國家圖書館來説,就更重要了。

還有,是王儉第一次把宗教的和世俗的書編在一起,而在這以前,道經和佛經都有其單獨的目録。這也是王儉《七志》的一個特點。

再往後,比較重要的要算是阮孝緒的《七録》,它的類別是:

1. 經典録　①易　②尚書　③詩　④禮　⑤樂
⑥春秋　⑦論語　⑧孝經　⑨小學

2. 記傳録　①國史　②注曆　③舊事　④職官
⑤儀典　⑥法制　⑦僞史⑧雜傳　⑨鬼神　⑩土地
⑪譜狀　⑫簿録

3. 子兵録　①儒　②道　③陰陽　④法　⑤名
⑥墨　⑦縱横　⑧雜　⑨農　⑩小説　⑪兵

4. 文集録　①楚辭　②別集　③總集　④雜文

5. 術伎録　①天文　②緯讖　③曆算　④五行
⑤卜筮　⑥雜占　⑦刑法　⑧醫經　⑨經方　⑩雜藝
以上内篇

1. 佛法録　①戒律　②禪定　③智慧　④疑似

⑤論記

2.仙道録　①經戒　②服餌　③房中　④符圖

以上外篇

《七録》把内篇分爲五類,是根據祖暅的《五部目録》,即經、史、子、集、術數;外篇根據《七志》。祖暅的《五部目録》跟它完全一樣,就是把子部的術數分離出來。《隋書·經籍志》也是分六類,就是又把技術書併入子部。

阮孝緒的《七録序》收在唐代和尚道宣的《廣弘明集》卷三裏面。《廣弘明集》是部宣揚佛教之義的書,怎麽會把《七録序》收進去呢? 説起來很有意思:阮在敍述他的目録分類時,提到他的《七録》和王儉《七志》分類的變化,他説王儉把道經放在前面,而他要倒過來,把佛經擺在前面,爲什麽呢? 他説"其教有淺深",意思是佛教的道理深一些,道家的淺一些,就是這句話被和尚看中了,就趕忙收在宣傳佛教的書裏。這是非常偶然的事,但是保留了古代目録學上非常重要的文獻。《七録序》從《七略》講起,直到他那個時候,敍述非常詳細,是篇必讀的文章。

到了《舊唐書·經籍志》和《新唐書·藝文志》,就把道經、佛經也一起併到子部,成爲真正的四部了,一直到《四庫全書總目提要》,都是這個樣子。

七略變成四部的關鍵,在於從經部裏分出史部、又把兵書、數術、方技併入子部,然後把佛、道併入子部,這就成了四部。四部形成之後就非常固定,一直到解放以後編《叢書綜録》,收了兩千多部叢書,還是用四部分類法做索引。

四部分類法定型以後,也還有一些書在分類方面有所革新。余嘉錫先生《目録學發微》中有一個《古今書目分部異同表》,而且附有説明。(見附頁)這説明有人感到四部分類法不合理,不斷地在改革,但效果不很大。

還有一個表,是姚名達《中國目録學史》後附的《四部分類源流一覽表》。這個分類與余先生的不一樣,余先生選的注重分類的變遷;姚先生所選的書目現在都在,便於檢查。

今天,傳統的、古典的分類法的生命力逐漸衰弱下去,新式一點的圖書館沒有哪個用四部分類法了,因爲它適應不了目前的科學發展。但是,對於研究舊學,研究古代語言文字學、古典文學的人來説,就非知道不可。這並不是要編這樣一個書目,而是要知道哪些書屬於哪一類,否則就不曉得怎麼找法。我們隨便舉一個例子。宋人筆記《能改齋漫録》,王觀國的《學林》,這些書在哪兒?如果曉得先秦諸子裏有個"兼儒墨,合名法"的雜家,曉得後來許多沒法歸類的書都放在雜家裏面,有雜學、雜考、雜編等,就可以知道像這類筆記書就在子部雜家類的雜考裏面。如果把一部書的類找到了,就知道還有許多其他的書,即所謂"連類而知",所以,在這個意義上,我們一定要熟悉類例。

附表:古今書目分部異同表

《史記》於紀傳之外,復有表之一體。《梁書·劉杳傳》引桓譚《新論》云:"三代世表,旁行斜上,並效周譜。"由是言之,表之從來遠矣。凡著作中如遇頭緒煩複非文字所能形容者。惟表可以曲盡其事。使綱舉而目張,執簡以馭繁,使讀者持以上下相比,縱橫相較,珠聯繩貫,一目了然。然爲之者甚勤而觀之者甚厭,以其無興趣之可尋也。《四庫提要》卷四十五曰:"史家之難,在於表志,而表文經緯相牽,或連或斷,可以考證而不可以誦讀,學者往往不觀。"斯言允矣。古今書目之部類互有不同,幾於千端萬緒,歧路之中又有歧焉,然其因革損益,皆有其漸,不比而觀之,不能得其所以然。如列之一表之中,參互鈎稽,則於分合出入之間,有以心知其意。蓋七略四部同條共貫,相爲因緣,雖變而未嘗變也。既已盡其源流,又以見其初非一成不易之法,神而明之,斯在善學者矣。初本欲作一部類表,然古目錄書多已亡佚,有知其部分有不得其類別者。如經史子集,定於李充,此古今著錄之大關鍵,豈可不知?若但就現存之諸史《藝文志》表而列之,則以爲四部始於《隋志》矣。如此亦何取乎有此表也?故博考群書,製爲《分部異同表》。

一、七略、四部,名異而實同,荀勗、李充取六略之書合之爲四。王儉、阮孝緒又取四部之書分之爲七。觀其分部之性質,實於根本無所改革。今以經史子集相沿較久，故仍以此爲綱，其不同者皆分別歸納其中，以便觀覽。

二、隋唐《志》及《古今書録》皆用李充之法，但亦微有不同，故仍分別著之，以期詳盡。

三、《隋志》言"文德殿目録，其術數之書更爲一部，使奉朝請祖晅撰其名，故梁有《五部目録》"，此亦當載入表者。但其餘四部之名不可知，故不列入，而著其説於此。

四、自宋以後，目録皆統於四部，然猶有李淑、鄭樵、鄭寅、孫星衍四人輒思改革，雖用其説者甚少，然亦著録分部之變例，可供學者之參考者也。二鄭以類書自爲一類，張之洞於四部之外別録叢書，皆有理致，故亟取之。其他取法此數家以意分合者，姑從略焉。

五、王儉之《圖譜志》，張之洞之叢書別録，皆非四部所能包，故皆別爲一欄。若夫類書隸之子部，雖有未安，然自《隋志》以來，相沿既久，此是表其源流，並非別謀改作，故從其朔著之云耳。

古今書目分部異同表

書名	序例	經	史	子							集	四部之外	特點
七略漢志	輯略一（漢志散入六篇後説見前）	六藝略二	（七録序云劉氏史書附見春秋）	諸子略三	兵書略五	術數略六（本書作"數術"）	方技略七（按房中、神仙二家均入方技）				詩賦略四		
荀勖中經簿（見隋志）		甲部一（六藝及小學等書）	丙部三（有史記、舊事、皇覽簿、雜事）	乙部二（有古諸子家、近世子家、兵書、兵家、術數）							丁部四（有詩賦、圖讚、汲家書）		首以甲乙丙丁分
李充晉元帝書目（據臧榮緒晉書）		甲部一（五經爲甲）	乙部二（史記爲乙）	丙部三（諸子爲丙）							丁部四（詩賦爲丁）		顛倒乙丙之書
王儉七志（隋志）	條例九篇（編入首卷）	經典志一（紀六藝、小學、史記、雜傳）		諸子志二（紀古今諸子）	軍書志四（紀兵書）	陰陽志五（紀陰陽圖緯）	術藝志六（紀方技）	道（附見）	佛（附見）		文翰志三（紀詩賦）	七、圖譜志（紀地域及圖書）	特點：1.單加圖譜志；2.有缺書目録；3.佛道入録
阮孝緒七録（廣弘明集卷三）		經典録内篇一（隋志云紀六藝）	記傳録内篇二（紀史傳）	子兵録内篇三（紀子書、兵書）		術技録内篇五（紀數術，案當云紀數術、方技）		仙道録外篇二	佛法録外篇一		文集録内篇四（紀詩賦）	（七録序云圖畫各附本録譜載記傳之末）	特點：同知見目録，不限於藏書。開文獻通考收書一派。
隋志	小序（按在部類後）	經	史	子				道經（附四部末）	佛經（附四部末）		集		
毋煚古今書録（舊唐志）	小序（同上）	甲部經録	乙部史録	丙部子録				（外有釋氏、道家勒爲開元内外經録。按見毋氏自序）			丁部集録		
舊、新唐志		甲部經録	乙部史録	丙部子録							丁部集録		
李淑邯鄲圖書志（讀書志卷九）		經志一	史志二	子志三		藝術志五		道書志六	書志七	畫志八	集志四		八分法
通志藝文略		經類第一 禮類第二 樂類第三 小學類第四	史類第五	諸子類第六	天文類第七 五行類第八	藝術類第九	醫方類第十			類書類第十一	文類十二	按通志别有圖譜略	十二分法
鄭寅鄭氏書目（書録解題卷八）		經録第一	史録二	子録三		藝録四	方技録五			類録七	文録六		七分法
孫星衍祠堂書目		經學第一 小學第二	地理第五 史學第七 金石第八	諸子第三 小説第十二	天文第四	醫律第六		書畫第十一		類書第九	詞賦第十		十二類
書目答問		經部	史部	子部							集部		叢書（按明史附類書、四庫入雜家）別録（皆初學書即從四部分出者）

第五節　目錄的源流和種類

目錄基本上可以分成藏書目錄、綜合目錄、專科目錄和特種目錄四類。

一、藏書目錄

什麼叫藏書目錄？最基本的概念就是一定要有這個書，書肯定知道是在什麼地方，用眼睛可以看得見，可以借出來，根據這樣一些條件編成的目錄，叫做藏書目錄。它既然是以實物爲主，所以它的内容常常聯繫到歷史上的治亂興衰，陳登原著有《古今典籍聚散考》，專門研究這樣一個問題。

藏書目錄基本上可以分成兩個小類，一個就是公家的藏書，這也是中國有目錄的開始。劉歆的《七略》就是一個國家藏書的目錄。國家以下，有各級的行政機構，都有圖書館，過去一般用薄册式的目錄，現在一般用卡片了。國家藏書規模最大、影響最深的目錄是《四庫提要》，它基本上分兩種，一種是正式著録的，正式存在七閣裏面，當時抄了七份，現在完整的還有三份多一點，另外有一種是存目，就是祇做了一個記録，並没有抄録。《四庫全書》是中國最大的叢書，特別是它有一個《提要》，人們可以把目錄當一部書來唸。當然，《四庫提要》也有它的缺點，所以近代學者在這方面做了一些工作；一個就是余嘉錫的《四庫提要辨證》，這書在解放後印出來了。涉及的面還不夠廣,經史子集都有一點,主要是在子部和史部。另一個是胡玉縉的《四庫提要補正》,他自己的意見不多,都是把其他學者,特別是清代學者的某些見解抄在有關書底下,作爲補充,特別是關於版本方面。

順便提一下臺灣出版的《續修四庫全書提要》,我祇看到内部一個消息,他們把三十年代在北京搞的一些東西印出來了,名字雖然叫做《續修四庫全書提要》,但是性質不同,不是一個藏書目録,並沒有把這些做了《提要》的書集中在一起,祇做個《提要》,與藏書不直接發生聯繫。

另外一個就是私人藏書目録。中國過去的上層階級或者知識分子,藏書風氣很盛,歷史上有許多記載,但是現在影響比較大的,那就是宋朝晁公武《郡齋讀書志》和陳振孫《直齋書録解題》,前者在《四部叢刊》裏,後者在《武英殿聚珍版叢書》裏。都是宋朝私人藏書的目録,特點是有解題,不光是一個書名。

私人藏書有私人藏書的特點,因爲一般的書,他不會編成目録,凡是編成目録的,總是比較特殊的:或是珍本,或是秘籍,就是罕見的書,比如一個稿本,這個書沒有刻出來;或是非常有名的抄本,或是經過大學者批校的本子,看見的人很少,類似於孤本的情況。

還有一種就是特藏,這常常和藏書者的專業有關係。比如說他是一個畫家,那他對論畫的書買得特別多。以前,浙江有個畫家叫余紹宋,他有個書叫《書畫書録解題》,大都是他自己的藏書。

吳梅先生,一輩子收嘉靖本的書,他的一個齋,名叫"百嘉室",就是有一百種嘉靖本的書,因爲他是一個戲曲專家,所以他收藏的以戲曲爲多。對於這樣一些東西,一是從學術角度來説的,一是從文物角度來説的,而對目録學做出貢獻的,往往是從文物角度來考慮的。清朝人黃丕烈,他一輩子收集宋版書,後來搞到將近一百部,自己就起個齋名,叫"百宋一廛",他的好朋友顧廣圻替他做了一篇《百宋一廛賦》,黃丕烈自己又替它做了注,成了一個韻文體的目録。還有一個吳騫,專門收集元版書,他的書齋叫"千元十駕"。像他們所留下來的書目,都是記録得比較詳細的,特别是在版本方面。

近代,特别是這三十年來,建立了社會主義政權,圖書館事業比較發達,捐獻圖書(特别是人死後)的風氣很盛。所以慢慢地私人藏書的風氣就衰減下來了。這也不是壞事。比如吳梅先生的書都捐給了北京圖書館,鄭振鐸的書也都捐了出來,他特别注意收藏明朝講家庭日用的書,日用手册之類的書,别人簡直沒有注意的。最近聽説阿英(錢杏邨)收藏的許多晚清小説也要捐獻了。所以私人藏書也是替國家做了一件很好的工作。

二、綜合目録

綜合目録就是把某一代、某一地、某一類所有的書都集中起來編的目録,它可以使人知道這種書籍全部的面貌,所以稱爲綜合。

　　首先是國家書目。解放以後我們一年出一本全國性的書目，有連續性地把全國新版的書、重版的書、或者木版重新排印的書，祇要是中華人民共和國的出版物，全部都收在裏面。但是這個還得配上一個內部書目纔行，因爲它祇印公開發行的書目。

　　第二是史志。它是中國獨特的一種形式，史裏面有《藝文志》和《經籍志》，祇限於紀傳體的正史，二十四史裏面有《藝文志》和《經籍志》的，祇有《漢書》、《隋書》、《舊唐書》、《新唐書》、《宋史》、《明史》和《清史稿》。這裏面又分兩類：一類是既記本朝的書，又記前代的著作。這是與當時國家的藏書有關係，以國家藏書爲基礎的。《漢書‧藝文志》根據劉歆的《七略》，《七略》也是根據當時的藏書，所以它把前代的書也都記載了。但是後來，從《明史‧藝文志》起，目錄學家有個想法：既然這是《明史》的《藝文志》，與明朝的歷史相配合，那就應該祇記明朝人的著作，不是明朝人的著作，不應該放在《明史》的《藝文志》裏，這也是合理的。所以，後來的《清史稿‧藝文志》是朱師轍主編的，也祇收清朝人的著作，如果前代的書而清朝人作了注解，那也收，總之要與清朝有關係。

　　根據這樣一個情況，我們可以看出，二十四史中有很多種是沒有《藝文志》的，不僅缺《藝文志》，很多其他的《志》也沒有，有的是什麼《志》都沒有，比如《晉書》有其他的《志》，但是沒有《藝文志》。所以，從宋朝起，就有歷史學家做一個工作，替沒有《志》的歷史補《志》，替沒有《表》的歷史補《表》，這工作對於後來人非常有用，因爲有一個《表》，你可以一覽而知；有了《志》，經過研究，文化現象、經濟現象、科學現象都可以比較清楚。從前,這些《補志》、《補表》散在各種叢書、單刻本裏面,很不容易找全。葉聖陶先生主持開明書店的時候,做了一個功德無量的事情,搞了一個書,叫做《二十五史補編》:把所有的研究二十五史的學者補的《志》、《表》以及對前代著作的注解和有關的材料,都印在一部書裏。但是,那時間(候)有一個缺點:這書是開明書店出的,萬一有一個學者,有一個《補志》或《補表》交給商務印書館出版了,那商務印書館説"版權所有,不能翻印",就没法收到書裏去了。現在如果要重印的話,這樣的一些書都可以收進去。

有好多學者做同一個題目的,比如《晉書》的《藝文志》,《後漢書》的《藝文志》,好多人同時補,這本書把它們都收進去了。《後漢書》的《藝文志》有好幾家補的,補得最好的一家是做《孽海花》的小説家曾樸。

除此之外,還有一種:就是前人做的通史,也有《藝文志》,一個是鄭樵《通志》裏的《藝文略》,另一個是馬端臨的《文獻通考·經籍考》。鄭樵是南宋人,馬端臨是元朝人,這個《經籍考》把各家的提要、考訂、序跋都收在裏面,比鄭樵的《藝文略》有用得多。《藝文略》有點偏向於圖書分類。祇要分得非常精密,可以不需要解題,但是没有解題,別人使用起來很不方便。所以鄭樵的《藝文略》很少有人引用,而馬端臨的《經籍考》,引用的人很多。

第三種是方志當中的目錄。這是反映某一個地區,比如一個省、一個州、一個府或一個縣的著作情況。這裏面往往包含兩個內容：一個是著作關係到這個地區的，一個是某些著作是本地區人做的。在中國史學裏面，地方志是非常普遍的，一般稱爲方志學。有兩個學者都做過叫《方志學》的書（都是解放前商務印書館出的），一個是傅振倫，一個是李泰棻。方志當中的《藝文志》又有兩種情況：一種情況與《漢書・藝文志》裏的《藝文志》概念相同，就是書目，做得好的還有提要，特別是許多省志，做得比較好。還有一種，也叫《藝文志》，但並不是目錄，而是把一些詩文抄錄在裏面。不是說詩文沒有用，但是不能作爲目錄來用，所以光看名字不看書不行。方志裏有《藝文志》來源也很早，但是，真正在這方面可以稱爲典範的著作，就是孫詒讓的《溫州經籍志》，這不僅對於檢查溫州的文獻是不可缺少的一部書，而且在目錄學上也非常有名，它在方法論上很值得我們學習。

第四種是聯合目錄。因爲許多圖書館各自的藏書是不一樣的，比如說每個圖書館都有善本戲曲，但是就具體的某一種來說，它們是不一樣的。也許南京圖書館有一本最好的《琵琶記》，也許北京圖書館有一本最好的《白兔記》，不一樣，那怎麼辦呢？那就必須做一個聯合目錄，這個事祇是解放以後的社會主義社會裏纔能辦得到，可以統一安排。解放以前也有私人搞的，朱士嘉就做過一個《中國地方志綜錄》，祇是一個目錄，沒有解題，可是他把全國圖書館裏的地方志都調查了一下，然後編成一個聯合目錄，所以要瞭解中國到底有多少方志，哪些縣有，哪些縣沒有，哪些縣的方志在明朝修過，或者清朝又修過，祇要看這個目錄就行了。現在,全國正在編一個《全國古籍善本書總目》,這也是一個很好的事情。你要查一個孤本,或是一個罕見本,究竟這個書有没有,有,又在哪個圖書館,這個目録編出來以後,我們一查就行了。

第五種是叢書目録,把許多性質相同的書,或者是物質形式相同(更主要的是指物質形式相同,譬如版面一樣,裝訂一樣)的書,放在一起,成爲比較大的書,我們稱爲叢書。我們首先是有把性質相同的書放在一起的習慣,然后纔有通過出版把物質形式相同的書擺在一起,這是第二步。爲什麼説把性質相同的書放在一起是第一步呢? 譬如我們講《六藝》或者《六經》,這個名字起得很早,《詩》、《書》、《易》、《禮》、《樂》、《春秋》,這名字在戰國時就已出現,那時候儒家學派把這幾部經過孔子編定過的,或者説他們當時的教科書擺在一起,就有了一個名字,或者叫《六藝》,或者叫《六經》,從這一點來説,可以講是最早的叢書。在《漢書·藝文志》上,在《諸子略》的《儒家》裏面,有這麼一段記録:"《劉向所序》六十七篇",班固自注:"《新序》、《説苑》、《世説》、《列女傳頌圖》也。""《揚雄所序》三十八篇",班固自注:"《太玄》十九,《法言》十三,《樂》四,《箴》二。"根據學術分類,它們應該在儒家,但是它們没有分開一部書一部書地記録,而是説劉向所序多少篇,揚雄所序多少篇。這兩個記録,一是帶有專科叢書的性質,第二它又帶有個人自著叢書的性質。把一個人的書編在一起。所以説,把性質相同的書統一在一起,給它安一個名字,這是比較早的。早一點可以算到戰國,在漢朝也有這樣的例子。

把好多種各種不同性質的書,通過統一的物質形態,把它集中在一起,這就比較遲了。我們今天所能查到最早的是南宋寧宗嘉泰年間(1201年—1204年)出過一種書,叫做《儒學警悟》,刻者叫俞鼎孫。這個書我們現在還有,實分七集四十一卷,比較小,但是是叢書最早的,距今已有八百年了。這是叢書之實。

我們再講叢書之名。"叢書"這個名字起源於唐朝作家陸龜蒙,他有一個文集,叫做《笠澤叢書》,它不是許多書放在一起,而祇是一個文集的名字,好像"笠澤文抄"、"笠澤文集"一樣。所以,叢書之實比較遲,起於南宋;叢書之名比較早,起於晚唐。

名實一致是在明朝。明朝程榮《漢魏叢書》專門搜集漢魏時代的著作。從此,叢書就大量出現了。一直到解放以後,還在出叢書。最近,人民文學出版社同上海古籍出版社把一些大作家的集子都重排,叫做《中國古籍讀本叢書》。

還有一些不用叢書名字的叢書,如《借月山房叢抄》,這也是叢書。還有《涉聞梓舊》,也是一部叢書。像這種情況就要靠記憶。好多年前,我看到哈佛大學出的《哈佛亞細亞學報》(Harvard Journal of Asiatic Studies)裏面有一位美國漢學家翻譯了我們中國的陳寅恪教授的一篇文章,陳寅恪教授那篇文章引用了《涉聞梓舊》這部叢書,這位漢學家把"涉聞"拼成英語,把"梓舊"翻譯成an old edition,把它當成了"古本"來翻譯,而實際上《涉聞梓舊》是部叢書的名字。所以說,你不能光看書的名字,不能望文生義。

一部叢書裏所包含的書,少則幾種,多則幾百種。有些書,甲叢書收了,乙、丙叢書也可能收了,不同叢書裏的本子也可能不同。譬如一種書很難得,找到一個殘缺的本子刻了,後來又找到了全書,另外刻叢書的人又把它刻了。如果兩本書刻的是相同的本子,問題不大,如果裏面有完整的,有殘缺的,有善本,有比較次的本子,那就要注意了。我們舉一個例子,南宋末年有個詞人,他的詞集叫《山中白雲》,這個書在清朝中葉還難得到,晚清王鵬運刻《四印齋詞》的時候,他就把姜夔的《白石詞》同張炎的《山中白雲》詞刻在一起,叫做《雙白詞》。但是,王鵬運找到的這個《山中白雲》詞是個殘缺的本子,後來,清朝學者江昱做了一本書,叫《山中白雲疏證》,他是用治經治史的方法來治文學的。以後朱祖謀(孝臧)刻《彊村叢書》,他收的張炎的詞就是江昱的《山中白雲疏證》,所以,我們現在研究張炎的詞,決不可以拿《四印齋》本做根據,而必須拿《彊村叢書》本做根據。朱孝臧本人是專門研究詞的,他對吳文英的《夢窗詞》校過四次,每次校勘都發現一些問題,他刻在《彊村叢書》裏的《夢窗詞》是第三次校本,他死了以後,他的學生龍榆生就另外刻了一部《彊村遺書》,把他的老師沒有刻完的書又刻在裏面,也是一部叢書。這部叢書裏又收進了《夢窗詞》的四校本,是最好的本子。以後,已故武漢大學劉永濟教授受人民文學出版社的委託,對《夢窗詞》又進行了校勘,又校了十幾、二十條,這個書現在還沒有出版,如果出版了,那還要參考。我們講版本學、目錄學,就是要給學者提供一個最正確的研究資料。叢書多了,內容不詳細,就不能爲大家都知道,因此就必須搞一個叢書目錄。

　　解放後出的《中國叢書綜録》，收了全國四十一個大圖書館藏的二千七百九十七種叢書。它的好處是，這些書都是現存的，翻了目録，你要借都可以借得到。這部書分成很厚的三册，第一册是叢書子目，所謂子目就是在一部書底下，以叢書爲綱，把書目抄一個書單子。每一種叢書，把裏面所收的書，就叢書本身而論，書名有多少種，如《知不足齋叢書》、《續知不足齋叢書》；誰編的，什麼地方刻的，什麼時代出刻的，把每一部叢書所收的書的卷數、作者、時代、姓名都作介紹，後面還有一個很詳細的書名索引，橫過來是四十一個圖書館的名字，豎過來是每一部叢書的名字，哪一個圖書館裏有這個書就在交叉點上打一個叉。

　　第二册，因爲叢書裏什麼書都有，有的叢書分類，有的不分類，如果要從學術角度去找書，我們有二千七百九十七種叢書，究竟研究杜甫的有多少，或是研究《水經注》的有多少，那在第一册没法查，第二册就來一個學術分類，譬如查《説文》，那就查經部、小學類，所有的《説文》都在裏面。

　　第三册是書名索引和著者索引，把每一部叢書裏面所收的書，每種書的著者都按四角號碼編成索引，可以從書名查，也可以從著者姓名查。

　　這部書因爲部頭太大，幾千萬字，要抄一遍就非常困難，所以在排印的時候，就大膽採用技術革新，把卡片拿去直接排印。但因爲用卡片直接排印，就可能會産生錯亂，我使用這部書時就發現了這個問題。浙江大學圖書館藏了一本什麼書，我去借，但是他們説,他們没有這部書,又又打錯了。當然這是偶然的錯誤。總的來説,這是目録學的一部空前巨著,很有用處。

三、專科目録

專科目録的起源很早,《漢書・藝文志・兵書略》裏,提到楊僕"紀奏兵録",就是兵書的目録,這可以説是最早的一個專科目録。裏面提到最初是張良、韓信、漢高祖統一天下之後,他們來整理兵書,一共有三十多家。後來吕后篡國,去偷竊政府的兵書。以後漢武帝又叫楊僕再整理。

其次,《文選》裏有一篇《六代論》,當時有一種説法,説是曹植做的。有一天,晉武帝讀了《六代論》,就問曹植的兒子曹志,曹志回答説,他家裏有"先王手作目録",先王就是曹植(他被封爲陳思王),他做了書,自己就寫個目録。曹志説,等他回去看一看。看了以後,他説:"根據目録,我爸爸没有做過這個文章。"這是個人著作目録,也是很早的。

專科目録是針對著某一個具體的學術,所以到後來,隨著科學的發達,專科目録也就越來越發達。下邊我按經史子集各舉幾個例子。

三之一:經學

關於經學的專門目録,首先要注意的是朱彝尊的《經義考》。這部書有三百卷,不僅份量大,而且附有題解,附有諸家的序跋和考證,很便於翻檢。但是,《經義考》有錯誤,有遺漏,所以翁方綱做了個《經義考補正》。《經義考》的缺點,是引用原始材料有時候有出入。朱氏引書,不是嚴格的,一字不差的引用,而喜歡改動。這一改文字可能通順一點,但卻失去了原書的本來面目。孫詒讓在他的《溫州經籍志》的序例裏面,對這一點提出了批評。

其次,要注意呂思勉的《經子解題》。呂氏是近代學者,他的《先秦史》、《魏晉南北朝史》、《隋唐史》,都是很有名的著作。他的《經子解題》,介紹了群經和諸子,是一部比較通俗的讀物。此書篇幅雖然不大,卻很精彩,讀來很增加常識,對一般的同志都有幫助。不過,呂氏在經學方面,比較偏重於今文家,但一般説來,他還是很客觀的。

三之二:小學

小學就是語言文字之學。和朱彝尊差不多同時的謝啟昆做《小學考》,把語言文字學的書,按照朱氏的體例收編起來,成就很大。後來,丁福保有《説文解字詁林》《説文解字詁林提要》和《説文目録》,清胡元玉有《雅學考》,這是專門研究《説文》和《爾雅》的兩部書。還有崔驥的《方言考》,是專門研究方言的。這三部書分別替《説文》、《爾雅》、《方言》做了目録。推而廣之,關於《廣韻》的,關於《廣雅》的,都可以做成目録。

做這種目録,需要細心,也靠積累。我以前在教目録學的時候,叫學生寫學年論文,就是把《皇清經解》裏面的《穀梁傳》,或是《公羊傳》,做一個提要。你們正在做畢業論文,可以把讀過的書做一個目録,當然不一定爲了發表,但把需要記録的東西記録下來,經過長期的積累,也會變成科研成果。譬如研究宋代的詩歌,就可以把宋朝人的詩集子,每讀過一本就做一個記録。最近,郭紹虞先生出版的《宋詩話考》,還有一部《宋詩話輯佚》,《宋詩話考》實際上就是宋詩話提要,年代久了,就變成了一部專門的集子。做這種工作,對自己來説,翻檢很方便;如果印出來,也就方便了別人。

三之三:史學

最早的史學目録是宋朝高似孫的《史略》,這書現在還存在。更重要的一部書是章學誠的《史籍考》,這部書經過十六個學者之手,先後六十年纔寫成功。由於當時物質條件非常落後,沒有複印的條件,抄寫一份很不容易。這部書在咸豐六年(1856 年)被燒掉了,是非常可惜的。現代學者謝國楨,寫過《晚明史籍考》和《清朝開國史料考》。這兩部書是姊妹篇,也是史學目録方面很有名的著作。還有陳乃乾的《共讀樓所藏年譜目》。年譜是個人傳記,也屬於史學。你要研究一個學者,利用年譜很重要。因爲一個人的生平,歷史上的記載,方志裏的傳記,都很簡單。而年譜則從他的出生起,按年記録他的行跡,一直到死,這對研究一個人是很方便的。陳乃乾個人藏了許多年譜,因而編了一個目録。解放後,杭州大學圖書館編了一本《中國歷代人物年譜目録》。這本書基本上以館藏爲主,並採録其他年譜專目。楊殿珣另編《中國歷代年譜總録》,採録更加全面。這本書可能還有點不太齊全,所以還沒有正式出版。

三之四：子學

晚清的王仁俊，寫過一本《周秦諸子序錄》，搜羅子類書比較完備。還有專門搞一個子的，如王重民先生的《老子考》。王重民原是北京大學圖書館學系主任，對古典目錄學很有研究，在十年動亂中不幸去世，很可惜。

三之五：文學

黃文暘的《曲海總目提要》(董康校訂)，是關於戲曲方面的書。孫楷第的《中國通俗小説書目》，是關於通俗小説方面的書。也有專門講一部書的，如一粟的《紅樓夢書錄》。一粟就是阿英，也就是太陽社的錢杏邨。最近出版的《中國新文學史料》上還有他許多文章。這個人是個多面手，什麽都搞。他搜集的晚清文學資料非常多。

以上是按照經史子集各舉幾個例子，每一部書都可以做目錄。杭州大學有一位周采泉先生，搞了一本《杜詩書目提要》，把歷代所有的杜詩都做了一個簡單的提要，並輯錄了一些重要的序和跋。他拿了樣本給我看過，覺得很不錯，如果拿到這本書，整個杜詩發展的歷史，就一目了然了。這位先生對杜詩很有研究，如果他對杜詩的各種注的優劣是非能再寫幾句話，那就更好了。

四、特種目錄

特種目錄是爲某種特殊的目的而編寫的。它與專科目錄之以某種專門學術爲對象者不同。特種目錄非常之多，祇能舉例來談一談。

四之一：舉要目録

所謂舉要目録，就是對某一學問的某個方面，哪些書是最重要的，就把主要書目匯集在一起。例如張之洞的《書目答問》，就是一個初學入門的書目舉要。《書目答問》並不完備，後來南京圖書館的范希曾先生，就作了一個《補正》。這兩本書中華書局都印了，你們不論是搞古代漢語的，還是搞古代文學的，都要仔細讀讀，它可以給你們指示途徑。此外，胡適、梁啟超都開過一些國學書目。梁氏的書名叫《國學入門書要目及其讀法》，後來又寫了《要籍解題及其讀法》。胡氏的書名叫《一個最低限度的國學書目》。説是"最低限度"，但古代的書無所不載，包括二十四史在内，而且光談佛教的書就有十來部，是太蕪雜了。胡適的書目沒有梁啟超的好。梁氏曾對胡適的那個進行了一些批評，原文保存在《飲冰室合集》裏面。此外，還有李笠的《三訂國學用書撰要》。總之，這些東西都提供了一個常見的、應該讀的書目，可供初學者參考。這個工作現在還應當做。現在又出了許多新書，以前的人沒有能夠在他們的目録中體現出來，而且，現在讀古書，標準又和過去不同。所以，現在開目録，自然和過去有所不同。

四之二：個人著作目録

開列個人著作目録。最早的要算曹植。曹植的兒子説："先王所作目録。"晚清，章太炎先生的老師俞樾著書很多，他自己也做過一個目録，叫做《春在堂全書録要》。也有學生給老師做的，例如趙萬里就給王國維做了兩個書目，叫做《王静安先生著述目録》及《王静安先生手校手批書目》。

四之三：禁書目録

禁書目録是文化史的一部分，是某種政權對文化實行高壓政策的産物。如清朝修《四庫全書》，一方面是修，另一方面也隱藏著删、改、燒。爲什麽謝國楨先生要搞《晚明史籍考》呢？就是因爲這個階段史籍很混亂。把應燒的書，應毀的書專門搞一個目録，發到各地去執行。這種目録流傳下來，後人就刻，有很多種，今人陳乃乾就把它們聯合起來，編成了《禁書總目》。國民黨禁書，也開禁書目録，《魯迅全集》後面有個禁書單子，就是國民黨禁的書。

此外，還有幾種牽涉版本的特種目録。

四之四：刻書（印書）目録

在我國，古代的刻書很盛行，官府也刻書，書院也刻書，私人也刻書，其目的是出售。這種刻書目同現在中華書局、人民文學出版社的目録没有什麽兩樣。另外，有一種具有研究性質的刻書目録，專門記録某一時代或某一地方出了些什麽書。它爲出版史提供了資料。明朝的周弘祖，寫過一本《古今書刻》，就屬於這一類。近代學者王國維，在版本學上做過一些工作，特别是研究了宋朝刻書的情況，寫了一本《五代兩宋監本考》。他還寫過《兩浙古刊本考》，地點是浙東、浙西。這裏順便提一下如何定論文的題目。搞科學研究，要把範圍弄得很窄，以《五代兩宋監本考》而論，時代是五代兩宋，版本有各種各樣，私家不算，專談官本，而且僅僅限於官本中一種“監本”。題目定得窄，就容易鑽得深。如果要寫《略論杜甫詩歌之藝術性》,誰都會寫;如果講《杜甫的五言律詩》、《杜甫晚期的五言律詩》,那就得花點功夫,不然就寫不出來。

四之五:缺書目録

這是專門爲訪書而設置的目録。這種目録,一般大圖書館都有。缺了什麽書,就記下來。編成目録,找到這本書,就注銷這個書目。南宋就有《秘書省四庫缺書目》。這種書目,私人也有,當然私人有不成爲著作。

四之六:版本目録

版本目録同善本目録的不同之點在於它不問善不善,祇要有異本就把它記録下來。宋朝尤袤的《遂初堂書目》,開一書兼載數本之先例。清初錢曾的《讀書敏求記》對庋藏的宋元舊刻,各記其篇卷的完缺,或評述繕寫、刊刻的工拙。是一部重要的版本目録。記録版本最詳細的是邵懿辰的《四庫簡明目録標注》,這書解放後印過一次,現在又重版了,我勸大家還是去買一部。我曾經說過,《四庫提要》犯了一個大錯誤,就是食古不化。劉向的《別録》寫什麽"臣參書"、"臣向書"、"中書"等等。《四庫提要》也學劉向的風格,也祇寫什麽浙江巡撫採進本、江蘇巡撫採進本,而不講誰送上的,什麽本子。邵懿辰花了一輩子的功夫,把見於《四庫全書》的書的各種版本都記録下來。這本書最初以抄本的形式流行,以後王懿榮、孫詒讓、黄仲弢等有名的學者都在上面加批,越批越多,邵懿辰的孫子邵章又作了增訂。1959 年,中華書局給印出來了。所以我們要查古籍的版本,這個《標注》和張之洞的《書目答問》、范希曾的《書目答問補正》最爲方便。就所收版本而言,《標注》收書更多一些,《書目答問》和《補正》則所收常見書多一些。

四之七:善本目録

版本目録是什麽書都收,善本目録則專收善本。從徐乾學的《傳是樓宋元本書目》到清代乾隆年間的《天禄琳瑯書目》(這個書現在可能在故宮博物院),善本書目相當多。現在我國正在搞一個《全國古籍善本書總目》,把散在全國各個圖書館的善本書匯編成一個目録。這樣一來,對我們真是太方便了。

四之八:引用書目

引用書目的好處是使讀者知道這部書所引用的史料的來源。現在的一般學術著作,都在文後附一個引用書目,可是古人的著作内容十分廣博。它所引用的書目就需要研究。例如金德建就寫過一本《司馬遷所見書考》,很有意義。司馬遷做《史記》,究竟引用過哪些史料,這對瞭解《史記》非常重要。就説文言翻白話吧,我們現在是常做這件事,但古語翻今語的祖宗正是司馬遷。司馬遷多次引用《尚書》,都用通俗易懂的文字改寫過。楊樹達先生也有《漢書所據史料考》一書,事實上也有引用書目的意思。

另外還有一種引用書目,不是書的本文引用的,而是它的注子引用的。例如用合本子注的體式寫的注子,裴松之的《三國志注》、酈道元的《水經注》、劉孝標的《世説新語注》,以及後來李善的《文選注》,這些注子究竟引用過哪些書,這對探索史料來源很有幫助。我們的同學張三夕想做一個宋詩宋注的目録,一個副産物就是任淵氏注黄庭堅詩的引用書目。做這樣的工作,可叫做探本求源,把老祖宗都清算出來了。這樣的工作,即使是大家,也不排斥做,例如黄季剛先生對馮桂荼的《説文段注考證》引用了一些什麽書,也曾做過這種研究。

四之九:鬻販書目

鬻販書目就是賣書的書目。這是書商的賬簿一樣的東西。這種書目有兩個用處,一是確知某本書還存在世界上。有時會發現,某種罕見的書會在某個書店的書目上。如果這本書不存在,就不會有賣這本書的書目。二是可以做經濟史料,借以研究書的價錢。清代許多筆記裏都談到書的價錢。哪一種學術,哪一本成爲研究的熱門,那麽哪一本書的價錢就高。清朝末年,提倡江西派的詩,舊本黄山谷的集子,可以賣二十兩銀子,有人記在筆記裏,説這簡直是了不起。鬻販書目中有一本《販書偶記》,是一個老書商孫殿起做的。孫氏記錄的大都是清人的著作,對什麽版本、何時刻印,都記得一清二楚。孫殿起 1958 年去世後,他的助手雷夢水根據他的記錄,又整理了一個《續編》。這兩本書已成爲中國目錄學上一個很重要的文獻。

四之十:辨僞書目

其中最有名的是張心澂的《僞書通考》。

四之十一:書目之書目

既然有這麽多書目,書目本身也有目錄。把各種書目,根據不同的性質,分類編纂起來,就是書目之書目。現在我們常見的,一是周負亮、李之鼎編的《書目舉要》,一是邵瑞彭、閆樹善合編的《書目長編》。這兩個書目的書目,都還不夠完備。

以上所舉的特種目録或專科目録,祇限於書籍。古代的器物之類的東西也可以編成目録。

下邊介紹兩本書,一本是余嘉錫的《目録學發微》,一本是姚名達的《中國目録學史》。後者内容比較豐富,但也存在個別問題,王重民先生把他重印的時候,做了些補充,又做了一個後記,可以補其闕漏。這兩本書,如果能很好地看一看,是會有收穫的。

第五章　藏　弆

弆，讀作"舉 jǔ"，是收藏的意思。藏弆，是講如何藏書的問題。現在藏書，主要是公家的圖書館，私人藏書很有限。雖然是這樣，我們知道一點前人藏書的情況也有好處，同時在某些方面也可以使自己養成一些好習慣。因此，我想簡單地談一談藏弆。

明朝有個很有名的藏書家，名叫祁承爍，他有個《澹生堂書目》。他在《澹生堂藏書約》裏講了四點：

1. 讀書。藏書者必須能讀書。這句話在當時很有針對性。因爲有許多人專門搜集好書藏起來，當做古董玩，不給人看。藏書者必須能讀書，書還是應當有它的功用。

2. 聚書。未得之書，當減衣縮食以聚之；已得之書，當愛惜維護以聚之；孤本之書，當輾轉抄錄以聚之。

讀書要愛惜書，這是自然之理，但很多人卻不懂這一點。有些人把書一捲，往口袋裏一插，把書角全給弄皺了。翻書頁的時候，不是用手指頭摳，就是用兩個指頭夾，這麼一來，就把書頁搞壞了。有一次，我到校圖書館借書，並把幾本綫裝書還回去。一個女同志爲了找書的卡片，用手狠抓。我很心疼，就按住她的手說："你這樣搞不行。"她見我滿頭白髮，不好意思同我鬥爭，就算啦。綫裝書能經得住這一抓？每抓一把至少要損失五角錢。記得三十年代我們當學生時到龍蟠里看書，凡是善本書，都是擺在盤子裏邊，上邊蒙著手巾，由館員送到桌子上。館員看到桌子上的自來水筆，就給你拿走，換上一支鉛筆，生怕滴一滴墨水在上面没有辦法。有時館員還説，翻書要從上面翻。因爲自古以來底下翻得太多了，很容易翻破。有的人讀書還未讀多長時間，書就頭落底穿，這是不允許的。韓愈詩裏寫一個藏書家，三萬軸書都掛在牆上，讀了很多年，還"新若手未觸"。愛惜書就應當這樣。

3. 購書。購書者當先編一目録，遇所欲購之書，隨時購之。

4. 鑒書。藏書者當辨其真僞而區分之。

這裏不是講内容的真僞，而是講版本的真僞。譬如宋版本，版是宋朝的，而印是元朝人印的，這與宋版宋印價值就相差很大。因爲後來印，字跡就很模糊了。還有仿宋版書，其實是明朝人搞的。還有一些抄本，售價很高，而内裏書商還留一個底子。他抄好作爲孤本賣出去，過幾天，他又拿出一本，就這樣不斷地拿出來賣，這就要辨別真僞。

清代的孫從添也是一位大藏書家，他的《藏書紀要》有這麽幾條：

1. 購求　購求書籍。比他事皆爲有益。

2. 鑒別　辨別版本之善否以爲購求之基礎。

3. 抄録　抄書以便誦讀，又補刻書所不及。宋元明舊抄最可貴。

這"可貴",主要是一無刻本,二是雖有刻本,但其祖本比較名貴,準確,三是字寫得好,成爲藝術品。

4. 校讎　藏書當讀書,讀書當自校讎始。

5. 裝訂　裝訂書籍之方法。

6. 編目　編輯目録之要。

7. 收藏　放置書籍之方。這是説要把書放在高處,要通風。

8. 曝書　曬曝書籍之當。

古人常在夏天曬書。因爲綫裝書很多,所以曬書是件大工程。此外,一般的書,擺點樟腦,或是煙葉,可以防止蛀蟲和白螞蟻。

葉德輝也是一位著名的藏書家,他有一個《藏書十約》:

1. 購置　購置書籍之次第,先經、次史、次叢書,有餘力再及子集。對我們來講,首先當購置專業所必須之基本書。

2. 鑒別　首先通目録學,知古書之真僞與存亡,然後購置始有標準。

3. 裝潢　所購置之書籍,有破頁斷綫者,當隨時修整之。

葉氏並詳談了裝潢書籍之法。中國的綫裝書,裝潢是很講究的。譬如有的書頁很舊了,就用一張紙把原書葉卡在當中,四面都寬出來,這叫做袍套。從顏色上來説叫做金鑲銀,因爲原書紙色發黃,兩頭的白紙是新的,所以叫金鑲銀邊。

4. 陳列　陳列書籍,當分爲經史子集叢書五類。中國的古籍,向來分爲經史子集。叢書是從張之洞的《書目答問》起,另外算做一類的。

5.抄補　有殘缺者,當隨時抄補之。

6.傳録　有孤本,當彼此互相傳録之。

7.校勘　校書有八善:習静養心一也;有功古人,有功今人二也;日日翻檢,書不霉蠹三也;傳之後世,名附以行四也;校書可當讀書五也;記問(聞)日增六也;夏可消暑,冬可禦寒七也;校書日多,源流益明八也。

張之洞在四川當總督,作過一篇文章很有意思,叫《勸刻書説》,講的是現在很多人,很有錢,但死後就誰也不知道了。如果刻書,尤其是刻叢書,可以永垂不朽。後來,不少人受他的影響,刻了一部分書。《粤雅堂叢書》刻得較好,刻書人是個大鹽商,叫伍崇曜。"校書可當讀書",校書注意錯字,而讀書求其精義。校書和讀書,還是有些區别的。

8.題跋　摘書中之大旨,鈎要記之。或辨抄刻之源流,著論評之。

9.收藏　啟閉以時,以保永久。

10.印記　藏書之印,當機古雅,不可以惡印而損書體。

惡印而損書體不是很多。但清朝的乾隆皇帝到處題詩,之乎者也都寫在詩裏,故宮博物院裏的書畫,不知被他糟蹋多少。

胡韞玉的《古書校讀法》,把這三家的藏書之法概括了一下:

三家所論藏書之法,悉爲私家藏書著想,而亦稍含有古董與美術之性質，然亦有不可廢者。合三家之所言，可爲今日法則者有八：(1)鑒別；(2)購置；(3)陳列；(4)編目；(5)提要；(6)校讎；(7)補抄；(8)裝訂。本此八法，以爲藏書之則，更能公之於衆，則於人己皆有益矣。

胡氏的總結是很精確的。

附録一　校讎目録辨

程千帆

治書之學，舊號校讎。比及今世，多稱目録。核其名實，歧義滋多。《文選注》及《太平御覽》引《風俗通》云："按劉向《別録》，'讎校'，一人讀書，校其上下，得謬誤，爲校。一人持本，一人讀書，若怨家相對，故曰讎也。"蓋校讎本義，惟在是正文字。然觀《國語·魯語》載閔馬父之言曰："昔正考父校商之名頌十二篇於周大師，以《那》爲首。"則次第篇章，亦稱校矣。此一歧也。而鄭樵《通志序》謂其《校讎略》之作，乃"欲三館無素餐之人，四庫無蠹魚之簡，千章萬卷，日見流通"。詳所論列，求書、校書之外，兼及類書、藏書。是此諸業，亦歸校讎。此又一歧也。逮章學誠撰《校讎通義》，自敘其書，以爲"校讎之義，蓋自劉向父子，部次條別，將以辨章學術、考鏡源流。非深明於道術精微、群言得失之故者，不足與此。後世部次甲乙，紀録經史者，代有其人；而求其能推闡大義，條別學術異同，使人由委溯源，以想見於墳籍之初者，千百之中，不十一焉"。則雖求之、校之、類之、藏之，猶未足以盡校讎之能事。必也，明系統，精類例，使人得由書籍之部居類別，以見道術之源流異同。此又一歧也。

校讎歧義，具如上述。還語目録，何莫不然。《文選注》嘗引《別録·列子目録》，其文今存，蓋即劉向校書，隨竟奏上，合《漢書·藝文志》所指"條其篇目"之目與"撮其指意"之録而成之篇。是目録之始，在爲一書條篇目，撮指意，俾覽者得於籀讀之先，知其大較，其事甚明也。嗣班固《漢書·敘傳》述其志藝文，有"劉向司籍，九流以别，爰著目録，略序洪烈"之語。持是以稽《漢志》體例，則班氏之所謂目録，已引申條一書篇目之義爲定群書部類；撮一書指意之義爲别學術源流。後來承響，遂有以爲治學涉徑之學者。如王鳴盛《十七史商榷》云："目録之學，學中第一緊要，必從此問途，方能得其門而入。"即是此義。此一歧也。而黄丕烈《汪刻〈郡齋讀書志〉序》曰："余從事於此，踰二十年。自謂目録之學，稍窺一二，然閲歷既久，知識愈難。曾有《所見古書録》之輯，卒不敢以示人者，以所見之究未遍也。"考丕烈昔人列之賞鑒家，其精詣獨在版本，旁及校藏；於類例出入、學術派别，初未聞有所甄明。兹亦以目録爲言，則賞鑒校藏諸端，皆此學所有事矣。此又一歧也。然語及目録學界義之恢宏，近人張爾田之言，尤爲極致。其《孫德謙〈劉向校讎學纂微〉序》曰："目録之學，其重在周知一代學術，及一家一書之宗趣，事乃與史相緯。而爲此學也，亦非殫見洽聞，疏通知遠之儒不爲功。乃世之號目録家者，一再傳後，寖失其方，百宋千元，標新炫異。其善者爲之，亦不過如吾所謂鰓鰓於寫官之異同，官私著録之考訂而止；剖析條流，以爲綱紀，固未之有聞。"詳張氏此所謂目録，即前引章氏之所謂校讎,蓋籠擴一切治書之學,而以辨章學術、考鏡源流者爲之主。
此又一歧也。

由上可知,蓋始有校讎目録之事,繼有校讎目録之名,終有校
讎目録之學。其始也相別,其繼也相亂,其終也相蒙。若夫目録
之名,昉諸漢世,目録稱學,則盛有清。雖徵之載籍,宋蘇象先《丞
相魏公譚訓》嘗記乃祖頌"謁王原叔,因論政事。仲至侍側,原叔
令檢書史,指之曰:'此兒有目録之學。'"可據以遠溯宋初,然固未
甚通行也。故自鄭樵而後,治書之學,統被校讎之名,其正詁遂轉
晦。逮於乾、嘉,異書間出,小學尤精,古籍脱訛,多所改定。校讎
本義,復顯於時。彼以類例部次爲主者,乃不得不別號其學爲目
録。其在初興,章學誠嘗持異議,見意於《信摭》之篇。其言曰:校
讎之學,自劉氏父子,淵源流別,最爲推見古人大體;而校訂字句,
則其小焉者也。絶學不傳,千載而後,鄭樵始有窺見,特爲校讎之
略,而未盡其奥。人亦無由知之。世之論校讎者,惟争辯於行墨
字句之間,不復知有淵源流別矣。近人不得其説,而於古書有篇
卷參差,敘例同異,當考辨者,乃謂古人別有目録之學,真屬詫聞。
且摇曳作態以出之。言或人不解,問伊:書止求其義理足矣,目録
無關文義,何必講求? 彼則笑而不言。真是貧兒賣弄家私,不值
一笑矣。"章氏云云,乃已習於固有之名,遂致譏於新興之學。然
言雖駿利,殊鮮和人。則以校讎一詞,沿用最久,疊經變易,義陷
模糊。不獨目録之學,拔幟樹幟,即專事是正文字者,且或改稱校
勘之學,以自殊異。夫以偏概全,既涉淆混,求其副實,更造新名,

此學術史中公例,無足驚奇,而況宋代已有此稱乎? 此其所論,不免拘虛之見矣。其後若朱一新《無邪堂答問》云:"劉中壘父子成《七略》一書,爲後世校讎之祖。班《志》掇其精要以著於篇,後惟鄭漁仲、章實齋能窺斯旨,商榷學術,洞澈源流,不獨九流諸子,各有精義,即詞賦、方技,亦復小道可觀。目録校讎之學所以可貴,非專以審訂文字異同爲校讎也。世徒以審訂文字爲校讎,而校讎之途隘;以甲乙簿爲目録,而目録之學轉爲無用。多識書名,辨別版本,一書估優爲之,何待學者乎?"所言雖推衍鄭、章,而已校讎目録二名交舉。張爾田《孫德謙〈劉向校讎學纂微〉序》又云:"《隋書·經籍志·簿録篇》云:'古者,史官既司典籍,蓋有目録以爲綱紀。漢時劉向《别録》、劉歆《七略》,剖析源流,各有其部,推尋事跡,疑則古之制。'知校讎者,目録之學也。"而德謙以鄭氏校讎一略,備論編次,因亦言:"夫校讎略中而備論編次之事,則校讎者,乃目録之學,非僅如後世校讎家但辨訂文字而已,是可知也。"則均徑以校讎即是目録。諸家之説,皆相亂相蒙之證,此二者之同異,與夫所以同異之故,肄治斯學所當先知者也。

至名稱而外,範疇若何,自來學人,亦有數説。"藏書家有數等。得一書必推求本源,是正缺失,是謂考訂家,如錢少詹大昕、戴吉士震諸人是也。次則辨其版片,注其錯訛,是爲校讎家,如盧學士文弨、翁閣學方綱諸人是也。次則收采異本,上則補金匱石室之遺亡,下可備通人博士之瀏覽,是謂收藏家,如鄞縣范氏之天一閣、錢塘吳氏之瓶花齋、崑山徐氏之傳是樓諸家是也。次則第求精本,獨嗜宋刻,作者之意旨縱未盡窺,而刻書之年月最所深悉,是謂賞鑒家,如吳門黃主事丕烈、鄞鎮鮑處士廷博諸人是也。又次則於舊家之中落者,賤售其所藏,富室之嗜書者,要求其善價。眼別真贋,心知古今。閩本蜀本,一不得欺;宋槧元槧,見而即識。是爲掠販家,如吳門之錢景開、陶五柳,湖州之施漢英諸書估是也。"此洪亮吉《北江詩話》之説一也。"自劉、班志藝文,而後人得考天府之貯存;自晁、陳傳書目,而學者藉見私家之著述。海內流傳,或抄或刻,不下百數十種,然亦分爲兩派:一則宋刊明抄,分別行款,記刻書之年月,考前賢之圖記,此賞鑒家也。一則包括四部,交通九流,蓄重本以備校讎,鈔新帙以備瀏覽,此收藏家也。"此繆荃孫《〈古學匯刊〉序目》之説二也。"近世言藏書者,分目録版本爲兩種學派。然二者皆兼校讎,是又爲校勘之學。"此葉德輝《書林清話》之説三也。"綱紀群籍、簿屬甲乙者,則目録家之目録是也。辨章學術、剖析源流者,則史家之目録是也。鑒別舊槧、校讎異同者,是藏書家之目録是也。提要鈎玄、治學涉徑者,則讀書家之目録是也。"此汪辟疆師《目録學研究》之説四也。嘗試考之,洪氏所言,乃就藏書者流立論,非一指治書之學。所謂掠販之輩,直書估之精於鑒別者爾,奚足名家? 若考訂一項,則治書雖不廢考訂,然考訂之學,又非治書之學所能包,是二者但交相爲用而已。故所標舉,獨校讎、收藏、賞鑒三家可稱治書之學,而不及書籍部次。繆氏所陳,又隘於洪,蓋與黄丕烈同以鑒藏爲主。葉氏舉目録版本爲藏書家之兩派，謂皆兼校勘。然藏書亦自有其道，非目録版本而兼校勘即可盡者。至汪先生持論，殆以目録爲宗，其所云目録家、史家、讀書家者，皆目録學之流派爾，餘則併入之藏書家。見仁見智，廣狹之殊，抑又如此。

　　竊意四家所云，各存微尚，局通雖異，專輒無嫌。而今欲盡其道，則當折中舊説，別以四目爲分。若乃文字肇端，書契即著，金石可鏤，竹素代興，則版本之學宜首及者一也。流布既廣，異本滋多。不正脱訛，何由籀讀？則校勘之學宜次及者二也。篇目旨意，既條既撮，爰定部類，以見源流，則目録之學宜又次者三也。收藏不謹，斯易散亡；流通不周，又傷錮蔽。則藏弆之學宜再次者四也。蓋由版本而校勘，由校勘而目録，由目録而藏弆，條理始終，囊括珠貫，斯乃向、歆以來治書之通例，足爲吾輩今兹研討之準繩。而名義紛紜，當加釐定，則校讎二字，歷祀最久，無妨即以爲治書諸學之共名；而別以專事是正文字者，爲校勘之學。其餘版本、目録、藏弆之稱，各從其職，要皆校讎之支與流裔。庶幾尚友古人，即能遞溯而明家數；啟牖來學，並免迷罔而失鑒衡，其亦可也。

校讎學範疇諸家論列異同表

洪　說	繆　說	葉　說	汪　說	程　說
(3)收藏家	(2)收藏家			(4)藏弄之學
(4)賞鑒家	(1)賞鑒家	(2)版本派	(3)藏書家	(1)版本之學
(2)校讎家				(2)校勘之學
		(1)目錄派	(1)目錄家	(3)目錄之學
			(2)史　家	
			(4)讀書家	
(1)考訂家				
(5)掠販家				

附録二　重要入門書目

1.劉國鈞：《中國書史簡編》(高等教育出版社,1958；書目文獻出版社,1982)。

2.張秀民：《中國印刷術的發明及其影響》(人民出版社,1978)。

3.魏隱儒：《古籍版本鑒定叢談》(山西省圖書館,1978)。

4.俞樾：《古書疑義舉例》(世界書局《古書字義用法叢刊》本；《春在堂全書》本；通行本)。

5.陳垣：《元典章校補釋例》(前中央研究院刊本,新中國成立後易名《校勘學釋例》,由中華書局於1959年出版)。

6.余嘉錫：《目録學發微》(中華書局,1963)。

7.姚名達：《中國目録學史》(商務印書館,1957重印本)。

8.汪辟疆：《目録學研究》(商務印書館,1955重印本)。

重印後記

　　本書出版以後,得到了學界廣泛關注,不少讀者就書中存在的編校問題提出質疑。對於編校工作中存在的疏失,我們深感愧疚。

　　此次重印,訂正了書中發現的錯誤。人民文學出版社副編審董岑仕老師、山東大學隗茂傑博士通讀了全書,並向編輯部提供了修改意見。其他很多讀者也通過不同渠道反映了首印本局部存在的問題,兹不一一列舉,謹此一併致以衷心的感謝。

　　重印本仍有可能存在一些差錯,期待廣大讀者繼續賜下寶貴的修改意見。

浙江大學出版社編輯部

二〇二三年三月